大夏书系·幼儿教育

MARIA
MONTESSORI

蒙台梭利幼儿教育心语

单中惠 编

华东师范大学出版社

ECNUP

全国百佳图书出版单位

前　言

　　自瑞典教育家爱伦·凯 1900 年提出"20 世纪将是儿童的世纪"以来，意大利著名幼儿教育家玛丽亚·蒙台梭利（Maria Montessori，1870—1952）通过她的"儿童之家"的实践和理论被世人誉为"儿童世纪的代表"。

　　1907 年 1 月 6 日，蒙台梭利在意大利罗马创办了第一所"儿童之家"，开始了举世闻名的"儿童之家"教育实验和幼儿教育理论研究。作为现代西方幼儿教育大师，蒙台梭利不仅对幼儿教育实践倾注了自己的全部精力，而且潜心于幼儿教育的思考和幼儿发展的研究；在创立具有特色的幼儿教育体系的同时，还积极地在世界范围内进行宣传推广和教师培训。因此，蒙台梭利在幼儿教育理念和方法的革新上，对 20 世纪以来世界各国幼儿教育发展和改革产生了巨大而深远的影响。早在 1927 年，我国近现代教育家张雪门在他编著的《蒙台梭利及其教育》一书中就把蒙台梭利誉为"幼儿园改革家"。

　　对于蒙台梭利的幼儿教育实践和理论，世界上很多国家的教育家给予了高度的评价和赞誉。例如，美国教育家杜威在《明日之学校》中指出："在传播对任何真正的教育都不可缺少的自由方面，蒙台梭利已成为一个最重要的人物。"又如，瑞士心理学家和教育家皮亚杰在《教育科学与儿童心理学》中指出："蒙台梭利……对于特殊儿童心理机制的细致观察，便成了一般方法的出发点，而这种方法在全世界的影响是无法计算的。"再如，澳大利亚当代教育家康内尔在《二十世纪世界教育史》中指出："蒙台梭利的影响是深远的，也许对世界上每一个国家都有影响。在幼儿教育方面，自德国幼儿教育家福禄培尔时代以来，蒙台梭利的影响是最大的。"

　　在致力于"儿童之家"教育实践的过程中，蒙台梭利不断地总结自己的实践经验，撰写了许多幼儿教育著作，主要有:《科学的幼儿教育方法》(1909)，《蒙台梭利儿童教育手册》(1914)，《童年的秘密》(1936)，《家庭中的儿童》(1936)，《为了新世界的教育》(1946)，《童年的教育》(1949)，《有吸收力的心理》(1949)等。总体来看，《科学的幼儿教育方法》《童年的秘密》和《有吸收力的心理》这三本著作，分别是蒙台梭利早期、中期和后期有关幼儿教育的代表作。

　　《蒙台梭利幼儿教育心语》一书汇集的教育心语，不仅是蒙台梭利教育智慧的感悟和教育实践的反思，而且是她教育人生的心声和教育人格的展现。基于世界幼儿教育视野，蒙台梭利通过这些教育心语，提出了许多具有时代性、新颖性和独创性的幼儿教育观点，可使人们在理论上得到深刻启迪，在方法上得到具体指导。其主要选取于蒙台梭利的《科学的幼儿教育方法》《童年的秘密》和《有吸收力的心理》这三本幼儿教育代表作，此外还有《蒙台梭利儿童教育手册》《为了新世界的教育》《童年的教育》等其他幼儿教育著作。

　　本书选取的蒙台梭利教育心语有 800 余则。为了方便读者诵读和品味，根据蒙台梭利的幼儿教育思想精粹，我将这些教育心语分为十八编。具体包括："新时代需要一种新的儿童教育""教育革新旨在对学校进行变革""儿童的发展必须遵循自然法则""儿童自己正在主动地构建自我""童年期是人生中最重要的时期""为儿童发展提供一个适宜环境""儿童敏感性和敏感期的重要性""儿童心理发展与儿童心理畸变""自由和纪律是一枚奖章的两面""儿童身体的发展与四肢的运动""感官训练是儿童发展的途径""工作和活动促进儿童生命完美""儿童的语言发展与文化获得""儿童的各种能力须受到关注""儿童性格的自我建构和发展""成人与儿童应建立积极关系""教师职责是理解和教育儿童""父母使命是保护和关爱孩子"。与此同时，还为每一编教育心语标出了主题。

　　期望《蒙台梭利幼儿教育心语》一书的出版，不仅能推进蒙台梭利幼儿教育思想在中国的传播，而且能为幼儿园教师、幼儿教育工作者、幼儿教育学者以及家长们打开通往蒙台梭利幼儿教育智慧宝库的大门。

最后，期盼广大读者朋友在诵读和品味本书时能提出宝贵的意见与建议。

目 录

第一编

新时代需要一种
新的儿童教育

儿童问题
是一个社会问题

《童年的秘密》"前言"　　　　　　　　1939 年英文版　P. vi—vii

我们面对着一个值得重视的问题——儿童的社会问题。……在强迫我们自己深入研究人的形成规律时，儿童的社会问题能够帮助我们创造一种新的认识，从而给我们新的启迪，并为我们的社会生活提供一个新的方向。

《为了新世界的教育》　　　　　　　　1946 年英文版　P. 28

如果我们希望改变一个国家的风俗习惯，或者强有力地增强一个民族的特性，那我们必须对儿童施加影响……要改变一代人或一个民族，要产生趋于好的或趋于坏的影响，要再次唤醒宗教或发展文化，我们就必须关注无所不能的儿童。

《童年的秘密》　　　　　　　　　　　1939 年英文版　P. 281—282

人们必须建设一个适宜儿童需要的世界，并承认儿童的社会权利。然而，社会所犯的最大罪恶就是浪费了本该花费在儿童身上的钱，这样既毁灭了儿童，也毁灭了社会本身。社会就像一个任意挥霍原本属于儿童祖传财富的监护人。

《童年的教育》　　　　　　　　　1949 年英文版　P.66—67

　　这场反对偏见的战斗就是儿童的社会问题，这个问题的解决必须伴随儿童教育的革新。换句话说，绝对必要的是准备一条通向这个目标的明确的和清晰的道路。如果消除那些对儿童的偏见的直接的和全部的目的在于成人的革新，那随之而来的将是一步一步地消除成人心中的障碍。

《有吸收力的心理》　　　　　　　　　1958 年英文版　P.13

　　社会必须关注儿童，承认他们的权利，并满足他们的需求。一旦我们把自己的注意力和研究集中在生活本身上，就可以发现我们正在触及人类的秘密，以及应该如何管理和如何帮助的知识。

《为了新世界的教育》　　　　　　　　　1946 年英文版　P.32

　　这里，隐藏着一种对人类的巨大危险。儿童得不到合适的关爱，就会通过成为无活力的个人而报复社会，从而成为文明进步的一个障碍。

《童年的教育》　　　　　　　　　1949 年英文版　P.100

　　重要的是，社会应该从这些根深蒂固的错误中觉醒过来，解放这些在文明社会中被错误引导的囚徒。社会必须为儿童准备一个他们可以适应并满足其最高需求，也就是心理活动需求的环境。

重建儿童教育
就是重建社会

《童年的教育》　　　　　　　　　　1949 年英文版　P.100

　　为了重建这个社会，需要完成的最紧迫的任务之一就是重建教育。这一目标必须通过为儿童提供一个适应他们生活的环境来实现。最重要的环境就是我们的周围世界和其他的环境，例如，家庭环境和学校环境。这些环境必须与儿童的创造性冲动相对应，并能满足这些创造性冲动。只要遵循宇宙法则的指引，这样的创造性冲动将会实现人的完美目标。

《为了新世界的教育》"导言"　　　　　1946 年英文版　P.1

　　由于我们的世界已被搞得支离破碎，因此需要进行重构。其重构的首要因素就是教育，但是，……如果教育还是沿着仅仅是传递知识的那种旧道路前进，那问题将仍然是不能解决的，世界也将是没有希望的。

《童年的秘密》　　　　　　　　　　1939 年英文版　P.269—270

　　教育可以指出成人社会正常化的道路。这样的社会改革不可能来自少数改革家的理论或能力，而只能来自从旧世界中缓慢而稳固地浮现出来的一个新世界，这就是儿童和青少年的世界。

《童年的教育》　　　　　　　　　　**1949 年英文版**　P.100

　　当偏见被知识战胜时，世界上将会出现一个"优异儿童"，他的神奇力量现今仍然是一个不解之谜。命运注定这个儿童将成为能够理解和管理我们现代文明社会的人。

《有吸收力的心理》　　　　　　　　　　**1958 年英文版**　P.192

　　儿童是人类精神的真正创造者。……与此有关的不是物理学和植物学，也不是手工艺学，而是人的意志以及正在通过工作而进行建构的人的精神。儿童是人类精神的建构者，但影响他们自由发展的障碍就是墙上的石头，人的心灵已被这些墙上的石头禁锢起来了。

《童年的教育》　　　　　　　　　　**1949 年英文版**　P.109

　　儿童必须不再被认为是奴隶，而被认为是进步的工具，肩负着文明进步的重担。教育必须以帮助儿童自身的发展为目标，使他们成为人类发展的具有潜力的后备军。了解儿童的需求以及给予儿童生活所必需的帮助，应该是现代教育需要解决的最根本的问题。

《有吸收力的心理》　　　　　　　　　　**1958 年英文版**　P.58

　　要影响社会，我们就必须使自己的注意力转向儿童。幼儿学校的重要性就源自这一真理，因为儿童正在建构人类，他们只能运用我们给予的材料来进行工作。

《童年的教育》"导言"　1949 年英文版　P.3

　　随着时间的逝去，我们更加确信儿童教育的重要性，并希望赋予我们的努力以新的生机，使"儿童之家"能够成为重建现代社会的一个有效工具，以此消除历史上所有战争给社会带来的严重伤害。我感到，自己现在仿佛正在对着一个充满力量的家庭说话，这个家庭必须继续沿着我们已经开辟的道路前进。尽管它年轻而富有活力，但是，仍然需要我们给它更多的信心和希望。

儿童教育的
首要原则是帮助生命

《童年的教育》　1949 年英文版　P.21

　　如果人仍是受到压抑和未被了解的话，那么，人的解放将提供一些令人惊讶的展现。教育必须沿着由这些展现所照亮的那条道路前进……帮助生命——这是首要的和基本的原则。

《科学的幼儿教育方法》　　　　　　　1912 年英文版 P.1

　　生理心理学或实验心理学已成为一门新的科学，似乎为新的教育学奠定基础作好了基本的准备，就像旧时代的先验心理学为哲学的教育学奠定基础一样。被应用于儿童体格研究的形态人类学，也成为新的教育学发展的一个强有力的因素。

《童年的教育》　　　　　　　　　　　1949 年英文版 P.19

　　这种新的心理学是源于医学领域的，而不是源于教育领域的。这种关于不健全的人性的心理学也把它的注意力转向焦虑和不幸的儿童，它发现儿童的活力是受到压抑的，并偏离了正常的道路。无论如何，这就是正在开展的科学运动，其目的是建立一些屏障以防止正在不断蔓延的不幸，同时提出一些建议以治疗人的那种紊乱而困惑的心灵。教育必须使它自己加入到这场科学运动中去。

《为了新世界的教育》　　　　　　　1946 年英文版 P.65

　　新教育的方式就是激励儿童使用物品进行活动，特别制作适合他们力量和身材的物品，就像成人在家里和在田野里工作一样，儿童必须有他们自己的家和他们自己的田野。

《科学的幼儿教育方法》　　　　　　　1912 年英文版 P.377

　　为了保护人类的精神火花，使他的真实本性不受到破坏，并将这种本性从压抑和堕落的社会枷锁下解放出来。这就是我们的教育方法。

《有吸收力的心理》　　　1958 年英文版　P.187

这就是新教育和旧教育之间的区别。我们需要在适当的时间对人的自我完善提供帮助，这样人类就能够去做一些重要的事情。社会已经建起了一些高墙和屏障。但是，新教育必须推倒这些高墙和屏障，恢复自由的视野。

儿童教育的目的
是发现儿童和解放儿童

《童年的秘密》　　　1939 年英文版　P.129

就新教育的目的而言，首先是发现儿童和实现儿童的解放。我们可以说，与之有关的首要问题，就是儿童的生存方式，简单地讲，就是儿童的生活。

《科学的幼儿教育方法》　　　1912 年英文版　P.230

我们的教育目的必须是帮助儿童的智力、心灵和身体的自由发展，而不是把他们培养成一般意义上的有文化修养的人。因此，在为儿童提供适合发展其感觉的教具后，我们必须等待，直到他们的观察活动有所发展。

《有吸收力的心理》   1958 年英文版   P.209

　　教育的重要任务必须是确保和维护儿童天性发展的正常化，并引导儿童天性趋于完美。

《童年的秘密》   1939 年英文版   P.128

　　如果儿童这个精神胚胎在他的心理发展中按照一个建构图式来发展的话，那么，在这些不协调的外在表现背后肯定存在着一种个性。在这些外在表现下面，有一个被隐藏的人、一个尚未被认识的儿童、一个被埋没的但必须获得解放的有活力的人。这就是教育面临的最紧迫的任务。

《童年的教育》   1949 年英文版   P.14

　　为了保护和引导儿童的个性发展，教育必须建立在心理学的基础上。进一步讲，教育必须得到调整以便清楚地理解我们的文明，……教育的目的将服务于我们的时代，除帮助人去认识环境外，还应该使人去适应环境！

《有吸收力的心理》   1958 年英文版   P.78

　　如果我们所说的教育是指帮助儿童正在发展的生命，那么，每当儿童向我们展现他们已达到新的独立程度时，我们唯一能做的就是感到高兴。……但是，有一个教育问题直接摆在我们面前，那就是，儿童的这种发展（尽管很难使它停止下来）依然会因为不能获得所需要的环境经验而受到阻碍或延缓。

儿童教育
从儿童研究开始

《童年的教育》　　　　　　　　　　　　1949 年英文版　P.12

　　教育改革和社会改革是我们时代所需要的，其必须建立在对未被了解的人的科学研究的基础上。

《有吸收力的心理》　　　　　　　　　　1958 年英文版　P.28

　　有必要去研究儿童，因为儿童对成人有着很大的影响。因此，要想充分地研究人类的生活，我们必须从人类起源的研究开始，也就是说从儿童的研究开始。

《童年的秘密》　　　　　　　　　　　　1939 年英文版　P.3

　　今天，如果不了解儿童生命知识的贡献，那么，研究医学、哲学或社会学的任何一个分支要想取得成果已经是不可能的。对儿童生命知识的研究，远比有关生物进化的胚胎学重要得多。……在儿童的心理中，我们也许可以发现人类进步的秘密，也许还可以引导人类进入一种新的文明。

《童年的教育》   1949 年英文版   P.10

在发展的进程中，每一件事情都经过一个复杂的演化过程。人也是如此，五岁时已成为一个有心智的人，但在这之前肯定经过了一个建构的进化过程。

我们必须承认，这一领域迄今为止还没有被探究。在我们现代的科学知识中，还存在着一种真空状态，一个没有被探究的范围，一个未被了解的因素——这种真空领域涉及人的个性形成的过程。

《童年的秘密》   1939 年英文版   P.8

对于儿童来说，必需的是观察，而不是分析；然而，这种观察必须从一种心理角度来进行，目的是发现儿童在与成人和社会环境相处时所遭受的冲突。……这种观察并不包括探究心理疾病这样的艰难任务，而是了解正在进入儿童心理生活中的广阔展开的人类生活现实。因为实际问题包括人从诞生时就开始发展的整个人生。

《童年的教育》   1949 年英文版   P.10

我们进行了南极探险，一个充满惊奇和资源丰富的南极大陆出现在我们心中的地平线上。它的奇观，它的暖水湖，它的种类繁多的生物，这一切的存在都是确信无疑的，并被展现出来。

但是，要看到这些现实，那就应该克服一些障碍，应该穿过非常严重的冰架，应该冒着与我们不同的一种严寒的气候！这同样适用于人的生命的极地——幼儿期。

《童年的秘密》　　　　　　　　　　　1939 年英文版　P.9

形成了一个科学地研究儿童的新领域。它与心理分析类似，但又不相同。它所关注的是正常的人而不是病态的人，它力求帮助儿童的心理发展和关注正常儿童的教育。所以，其目的在于促进人们对至今尚未知的儿童心理活动的了解，同时唤醒成人关爱儿童的意识，并使他们认识到对儿童的错误态度源于他们自己的潜意识。

《童年的教育》　　　　　　　　　　　1949 年英文版　P.28

确实，一种发现必须包括一些新的东西。对那些具有勇气去这样做的人来说，这个新奇的要素就是一扇打开的门。那是一扇接近迄今为止还没有被探究过的领域的门。

所以，它是一扇奇异的和令人惊讶的门，应该激发起人们的想象。实际上，从逻辑上讲，那些具有很高的文化修养的人应该成为这些领域的探究者。

《童年的秘密》　　　　　　　　　　　1939 年英文版　P.12

尽管可以通过心理学和教育去观察与研究儿童，但成人仍然不了解儿童。因此，我们必须以牺牲的精神和满怀的激情去探究儿童，就像那些人远涉重洋、翻山越岭去寻找隐藏的黄金一样。这就是那些企图寻觅隐藏在儿童心灵深处的秘密的成人必须做的事情。这就是所有的人，不管是什么国家、民族和社会地位的人，都必须共同去做的事情……

第二编

教育革新旨在
对学校进行变革

旧学校对
儿童发展的压抑

《科学的幼儿教育方法》　　　　　1912 年英文版　P.14

　　儿童个性的自发表现会受到压抑，直到他们如同行尸走肉一般。在这样一所学校里，儿童就像被钉住翅膀的蝴蝶一样，被固定在他们的座位上和课桌旁，张开着他们所获得的枯燥无味的和没有意义的知识翅膀，但这种翅膀已经没有什么用处。

《童年的秘密》　　　　　1939 年英文版　P.286

　　家庭和社会把他们的儿童交给了一个权威机构。……从此以后，那些娇弱的和焦虑的儿童长年累月整天都极度痛苦地与那些木制课桌椅捆绑在一起。在严厉的看管下，儿童的手脚不能移动，就像基督耶稣的身体被永远地钉在十字架上一样。他们倚靠在课桌旁，两只小脚并在一起保持不动，两只小手也合在一起保持不动。当儿童自己渴望获得真理和知识的时候，教师却把她自己的思想强制灌输到儿童的心灵中，儿童顺从地低下自己的小脑袋，好像蒺藜把他们的头刺出血一样。

《科学的幼儿教育方法》　　　　　1912 年英文版　P.19

　　我们发现，我们教室里的儿童正在不卫生的条件下进行学习，这妨碍了他们的正常发育，甚至他们的脊柱也发生了变形。面对这种糟糕的情况，我们作出的反应却是一种矫形的板凳。这几乎就像我们给矿工提供腹带，或给饥饿的工人提供砒霜一样。

《童年的秘密》　　　　　　　1939 年英文版　P.190

　　在我们确定一种真正的方法之前，那些开办学校的教师提出的陈旧的和流行的观点几乎无休止地重复着，它们基本上是相同的。在所有明智的和慈爱的父母关注的幸福儿童的生活中，几乎都可以发现相似的事情和相似的困难。

《有吸收力的心理》　　　　　1958 年英文版　P.1

　　尽管教育已被承认是提升人类素质的方法之一，但是，教育仍然被认为仅仅是一种智力的教育。因此，人们仍然按照陈旧的方法训练学生，从不试图采取任何富有活力和积极的新举措。

《童年的秘密》　　　　　　　1939 年英文版　P.276

　　儿童的痛苦不仅是身体上的，而且是精神上的。儿童的学习是强制的学习，导致了他们的沉闷、恐惧、厌倦和精力耗竭。他们变得懒散、沮丧、忧郁、染有恶习、缺乏自信，没有任何童年的欢乐。多么不幸的儿童！多么受压抑的儿童！

《有吸收力的心理》 1958 年英文版 P.210

事实上，我们还没有认识到，真正成为社会负担的是我们正在忽视人的创造力，正在粗暴地对待自然本身给予每一个儿童的财富。然而，这些正是能够把整个世界带向一个更高水平的道德价值和智力价值的源泉。

《科学的幼儿教育方法》 1912 年英文版 P.154—155

从根本上说，在现代儿童教育的这种进步中，我们还没有使自己摆脱那种偏见，即否定儿童的心理表现和精神需要的偏见，因而使我们仅仅把儿童考虑为可爱的植物，应该得到关爱、安抚和使之处在运动中。一位好母亲或一位好教师在今天能够给予儿童的教育……就是劝告他们不要触碰花朵、不要踩踏草地等。

《童年的教育》 1949 年英文版 P.71—72

我们所有人都知道那个令人惋惜的故事。儿童被宣判为无期徒刑，因为对他作为一个儿童的整个生活来说，他被送进了监狱。他被监禁在空空的小房间里，一直坐在木凳上，处在一个暴君的统治之下。这个暴君认为，儿童应该像他希望的那样去思考，学习他希望他学习的东西，做他希望他做的事情。儿童那娇嫩的手被迫去书写。他那充满想象力的心灵必须集中在字母表上的那些枯燥无味的符号上……

《科学的幼儿教育方法》　　　　1912 年英文版　P.363

　　我们坚持认为，幼儿应该有"服从的美德"。按照我们接受的偏见，这种美德是幼儿专有的，因而应该称为"幼儿美德"。然而，我们却未能认识到，我们之所以对这种美德进行如此着重的强调，只是因为我们要迫使儿童将它付诸实践时会遇到最大的困难。

《童年的教育》　　　　1949 年英文版　P.29—30

　　太多的偏见和太多的既得利益堆积在有关儿童的问题上。……在每一个人的眼中，儿童是一无所有的生物，仅仅是适宜用玩耍、睡觉以及"童话故事"打发时间。这样的儿童进行认真的心智工作看起来是开玩笑的……因此，一种以科学名义的墓碑已摆放在我们的实验上面。

《科学的幼儿教育方法》　　　　1912 年英文版　P.359

　　有些人不懂得儿童的心理，自以为他们是在帮助儿童，其实是把儿童从人生的道路上往后推。面对这些人的行为，儿童表现出自己是反抗者、革命者和叛逆者。因此，即使热爱儿童的成人，也在儿童的脖子周围铆上另一块诬陷之牌，把儿童捍卫受到干扰的生活混同为儿童所特有的天生的顽皮。

《有吸收力的心理》　　　　1958 年英文版　P.209

　　我们今天所做的一切都是人为地使人成为偏离的和没有活

力的人，他们容易患有心理疾病，不断地需要别人的照顾，以免滑向只要跌倒就会成为社会弃儿的边缘。现今正在发生的情况确实是一种对人类叛逆的罪恶，它通过对每个人所产生的影响使我们趋于毁灭。

学校必须
进行根本的变革

《科学的幼儿教育方法》　　　　　　　1912 年英文版　P.15

　　在我们的教师中，只培养他们的科学精神是不够的。我们还必须准备可以供他们进行观察的学校。如果科学的教育学在这种学校里诞生的话，那这种学校必须允许儿童自由和自然地表现他们自己。这是一种根本的变革。

《童年的教育》　　　　　　　　　　　1949 年英文版　P.18

　　真正的敌人是人缺乏进行自我创造的能力，它是人的个性本身发展的阻碍。为了战胜这个敌人，人唯一需要做的就是去适应环境并用不同的方法使环境正常运转，这种环境本身是财富和幸福的一个源泉。我们需要一种普遍的革命。这种革命仅仅要求人应该提升他们的价值，并成为他们创造的环境的主人，而不是这种环境的牺牲者。

《有吸收力的心理》　　　　　　　1958 年英文版　P.187

　　现今的教育是令人感到羞辱的。它产生了人的自卑感，并人为地降低人的各种能力。……当人们可以继续健步疾走时，它却提供一些拐杖。这是一种基于人的更低能力而不是基于更高能力的教育。如果人类的大多数是低能的，那是人为的过失，因为他们的性格建构在这个创造时期受到了阻碍。我们应该作出努力以重新达到人类的真正水平，让我们的儿童运用他们自己的创造力。

《童年的教育》　　　　　　　　1949 年英文版　P.12

　　在对人的科学研究中存在着一个巨大的障碍。这个障碍是由几千年中累积下来的那些偏见所形成的，并变得如此顽固和如此有影响力，几乎就像冰川一样难以接近。所以，需要一种勇敢无畏的探究，需要一场反对有害环境的战斗，那些诸如观察和实验的普通的科学武器并不能满足其需要。

《有吸收力的心理》　　　　　　　1958 年英文版　P.24

　　儿童具有一种能够依靠自己进行吸收的心理，这个发现在教育界引起了一场革命。……我们不能通过讲授来实现它，也不能直接干涉儿童所经历的从无意识到有意识的过程——形成人的能力的过程。这样，整个教育观念就改变了。教育的任务也就变成对儿童的生活和人的心理发展提供帮助，而不再是一种强迫儿童记住字词及其含义的任务。这是为教育提出的一条新的道路，以便在儿童的心理发展过程中对他们的心理能量提供帮助，并促使他们的许多能力得到更大的发展。

《科学的幼儿教育方法》　　　　　　　　1912 年英文版　P.357

　　我们经常犯的一个类似的错误，就是自负地认为儿童的愿望是获得一些知识。我们帮助他们掌握这种孤立的知识，却因此阻碍他们的自我发展，从而使他们感到沮丧。在学校里，一个普遍的观念是：使儿童得到满足的方式就是"学习知识"。然而，在我们这种让儿童享有自由的学校里，我们能够很清楚地目睹儿童们用他们的自然方法去实现自发的自我发展。

《童年的秘密》　　　　　　　　　　　　1939 年英文版　P.177

　　如果探究那些偶然引起儿童正常特征展现的最初条件，我们可以看到有几个条件是特别重要的。其中，第一个条件是，为儿童提供一个愉快的环境，在那里儿童没有任何压抑。……第二个条件是，成人的被动角色。……还有一个重要的条件是，给儿童提供合适的、有吸引力的和科学的感官教具，以便进行感官训练。……迄今为止，我们有适宜的环境、谦卑的教师和科学的教具。这是我们的教育方法的三个外部条件。

学校变革
必须以儿童为基础

《为了新世界的教育》　　　　　　　　　1946 年英文版　P.4—5

　　如果教育要进行改革的话，那就必须以儿童为基础。……一些更深入的实验很快就证明：所有儿童都具有这些天赋能力，因为教育仅仅在六岁后才可能的错误观念使得儿童那些最珍贵的时间被浪费了，所以，他们的发展受到了极大的阻碍。

《童年的教育》　　　　　　　　　　　　1949 年英文版　P.43

　　我们的社会精神还没有认识到这一点，即我们能从儿童那里得到帮助，儿童能给我们启发和训诫，以及对一些不能解决的问题提供一种新的视野和解决方法。甚至心理学家们也没有在儿童身上看到一扇敞开着的门，通过这扇门他们可以进入潜意识领域，以至于他们仍然只是试图用成人的罪恶去发现和解释儿童。

《有吸收力的心理》　　　　　　　　　　1958 年英文版　P.231

　　在儿童内部，智慧和纪律正等待着被唤醒。虽然压制再一次对儿童起作用，但是，他们还没有完全被征服，或者说，他们的心理偏离还没有严重到我们的努力将会是徒劳的地步。因此，学校必须给儿童提供精神发展的空间和机会。

《童年的教育》　　　　　　　　　1949 年英文版　P. 73

现在，我们时代的社会正在认真努力地减轻儿童的那些痛苦，正在进行一种尝试以改革教育。更多既卫生又漂亮的学校被建立起来。无论如何，这一切都在对误解儿童的成人及其环境产生影响，但人们仍然用因为偏见而扭曲的眼光看待儿童。

《有吸收力的心理》　　　　　　　　1958 年英文版　P. 2—3

几千年来，儿童真正的建构力量，即能动性一直被人们忽视。正像人类在地球上生活和耕作却没有注意到在地球深处埋藏着巨大的宝藏一样，当今时代的人们在文明生活中取得不断的进步，却没有注意到在幼儿的精神世界中隐藏着的财富。

《科学的幼儿教育方法》　　　　　　1912 年英文版　P. 308

将来的初等学校应该从像我们这里所培养的儿童开始。他们已知道如何阅读和书写，知道如何照顾自己，知道如何穿衣、脱衣和梳洗；他们熟悉良好的行为规范、有礼貌，遵守纪律，并通过自由发展了自制能力；他们不仅完美地掌握了口头语言，而且还具有阅读书面语言的基本能力，并开始掌握逻辑性语言。这些儿童发音清晰，书写流利，行为十分优雅。他们的人性在美的熏陶下——在体现所有真挚人性的幼儿期得到真正的发展，因为他们聪明而耐心地观察自己的环境，并在一种智力自由的形式下具有自发推理的能力。

从实验中
期待一种新的发现

《科学的幼儿教育方法》　　　　　　　　1912 年英文版　 P.9

　　我们希望唤醒教育者内心对大自然现象的兴趣，从而在一定程度上热爱大自然。他将理解一个人去准备一种对实验的严肃认真的态度，并将从实验中期待一种新的发现。

《童年的教育》　　　　　　　　　　　　1949 年英文版　 P.13

　　沿着一条独特的道路去考虑一个关于人类建构自身的广泛运动是可能的。其主要目的是帮助人保持均衡发展和心理健康，以及在外部世界的现有条件下确立一个可靠的方向。这个运动并不限于任何一个国家，也不限于任何特别的政治倾向，因为它的目的在于简明地认识到人的价值……

《科学的幼儿教育方法》　　　　　　　　1912 年英文版　 P.5—6

　　在如此具有巨大重要性的时刻，所有能够作出任何贡献的人甚至只有一种尝试，尽管并不总是成功的，但应该受到人类和整个文明世界的尊重。……他们仍然具有一种重要的价值，因为那种曾激励他们的真理为正在思考的人们开启了大门。……不用多说，这样的尝试是不成熟的，它源于人们还不理解仍处在发展过程中的新科学。然而，每一项伟大事业都产生于不断的失败和不完美的成功之中。

《童年的教育》　　　　　　　　　　**1949 年英文版**　`P.19—20`

　　问题并不是把人从一些镣铐中解脱出来，而是去重建，这种重建要求对"人的精神科学"进行详尽的阐述。它是一个需要耐心的工作、一种需要建立在研究基础上的实践，成千上万的人为这个目的而作出的努力肯定会极大地有助于实现它。

《蒙台梭利儿童教育手册》　**中国发展出版社**　　　**2006 年版**　`P.143`

　　也许"儿童之家"会开设一个心理实验室，那将会给我们带来更多的真理，比迄今为止已发现的要多得多。因为心理学研究的基本因素，尤其是在心理发生领域，思想的起源和发展必须是在思想能够自由发展的正常条件下进行。

《科学的幼儿教育方法》　　　　　　**1912 年英文版**　`P.28`

　　学校的变革必须与教师的准备是同步进行的。因为如果我们要使教师成为一个观察者，熟悉那些实验方法，那么，我们必须使她在学校里进行观察和实验。

儿童之家
是一个培育儿童的花园

〜〜〜〜

《科学的幼儿教育方法》　　　　　1912 年英文版　**P.121**

　　"儿童之家"的目的是帮助和指导儿童在三至六岁这个重要时期的成长发展。"儿童之家"是一个培育儿童的花园。我们肯定不要把儿童当作在校学生看待，要他们学习那么长的时间！

《童年的教育》　　　　　1949 年英文版　**P.11**

　　德国教育家福禄培尔把他为四岁或五岁儿童提供的教育机构称之为"幼儿园"，即儿童的花园，这是完全正确的。所有的学校都可以称为"花园"，以区别于那些仅仅是一种令人痛苦的、实施专制统治的教育机构。事实上，在那些更现代和更美好的学校里，与福禄培尔的理念一致的那些教育者的表现就像好的园丁和栽培者对待他们的植物一样。

《科学的幼儿教育方法》　　　　　1912 年英文版　**P.62**

　　这个居民住宅区是新的，也因为有了"儿童之家"这样的教育机构。这不是单纯的看护儿童的场所，也不是儿童收容所，而是一所真正为了儿童教育的学校。它的方法是根据科学的教育学所阐述的那些基本原则而形成的。

《童年的秘密》　　　　　　　　　　1939 年英文版　P.140

　　在这个环境中，一切设施都要适合儿童身体的观点，已得到人们的赞同和接受。在那些干净明亮的教室里，有装饰着鲜花的低矮窗户、仿制现代家庭家具的各种微型家具、小桌子、小扶手椅、漂亮的窗帘、儿童自己可以开门的矮橱以及橱内有儿童自己可以随意使用的各种教具。总之，这一切看来是对儿童生活的一种真正、实际的改进。我相信，大多数"儿童之家"会保持这种外部条件，并作为"儿童之家"的主要特征。

《家庭中的儿童》中国发展出版社　　　2012 年版　P.3

　　蒙台梭利学校，是一个能够让儿童静心工作的地方。在这里，儿童被压抑的心灵可以获得解放，儿童能够表达真我；在这里，儿童表现出来的学习态度和行为模式，也与一般意义上关于童年的流行观念相去甚远。

《科学的幼儿教育方法》　　　　　　　1912 年英文版　P.374

　　在"儿童之家"里，通过自由和独立的获得而实现了纪律，这标志着在教育方法上将看到未来发展的基础。在我看来，它展现出通过教育来改善人类的最大希望。

儿童之家应该
是儿童真正的家

《蒙台梭利儿童教育手册》 中国发展出版社　　2006 年版　 P.39

　　"儿童之家"可以给儿童们提供一个开展活动的环境，这种学校没有固定的类型，根据可调配的资金和学校能给儿童提供的机会，它可以多样化。"儿童之家"应该是一个真正的"家"……

《科学的幼儿教育方法》　　　　　　1912 年英文版　 P.44

　　"儿童之家"具有双重的价值：一是社会价值，通过它的公寓学校的特殊方式而表现出来；二是纯粹的教育价值，通过我现在进行实验的幼儿教育方法而表现出来。

《童年的秘密》　　　　　　　　　1939 年英文版　 P.142

　　第一所"儿童之家"这样的一个教育机构并不是为既定的实验或科学研究而安排的。它提供了一个范例，首次发现了一个"未知"的人在他被认识之前自身表现的所有特点，以及一个能够打开无限视野的平常的事实。

《科学的幼儿教育方法》　　　　　　　1912 年英文版　P.64

我相信，在打开公寓住宅之门而面向新的真理光芒和文明的进步中，我们已解决能够直接改善新的一代的环境问题，因此，使"儿童之家"有可能以一种切实可行的方式应用科学的教育学的基本原理。

《科学的幼儿教育方法》　　　　　　　1912 年英文版　P.348

若不是这些儿童大胆勇敢、目光炯炯和自由欢乐，若不是他们热诚地邀请客人观看他们的工作，若不是他们带领客人四处参观并向他们进行解释，人们会认为我们的学校对这些儿童管教太严。儿童们的表现让我们觉得，他们就是"儿童之家"的主人。他们热情地抱住教师的膝盖，让她弯下腰来以便能够亲吻她的脸，这足以说明他们的幼小心灵正在按他们自己的意愿自由地发展。

《为了新世界的教育》　　　　　　　1946 年英文版　P.69

对教育实验来说，被认为是不好的条件实际上是好的条件。成功本身不仅限于儿童，而且会影响父母。……因此，通过儿童整个环境开始了改变。我们自己的手中似乎有了一根令人不可思议的魔杖。

第三编

儿童的发展必须遵循自然法则

自然为儿童发展
规划了一条道路

《有吸收力的心理》　　　　　　　1958 年英文版　P.190

　　儿童不是按照逻辑来行动的，而是遵循自然来行动的。正是自然规划了他们必须走的道路。……自然为他们制定了一条道路，使他们自己通过摆脱成年个体的约束而沿着这条道路发展。因为存在着指引发展的自然法则，如果个体要形成其性格和内在自我，那他必须遵循这些自然法则。

《童年的教育》　　　　　　　　　1949 年英文版　P.93

　　生命因而分成一些有意义的阶段。每一个阶段都在构建某些特性，这种构建是由自然法则所引导的。如果我们不尊重这些自然法则，那么，个人的构建就会变得不正常，甚至是畸形的。但是，如果我们关心这些自然法则，并积极去发现这些自然法则并与之合作，那么，一些我们从未怀疑过的、未知的和令人感到惊讶的个性特征就会浮现出来。我们会逐渐认识到这些自然法则中存在的神秘的内在功能，这些内在功能将引导人类的精神世界的发展。儿童拥有的伟大力量是我们成人尚未利用的。

《科学的幼儿教育方法》　　　　　1912 年英文版　P.153

　　确实，人已创造社会生活的欢乐，并在共同生活中带来了一种炽烈的人类之爱。但是，人仍然是属于大自然的，尤其在他是一个儿童的时期，他肯定需要从大自然中获取身心发展所必需的力量。我们与大自然的亲密联系对身体的发展具有影响，甚至是实质性的影响。

《有吸收力的心理》　　　　　　1958 年英文版　P.3

　　儿童好像遵循着大自然所规定的一个严格的程序，它比任何组织严密的旧学校更可靠、更守时。

《童年的秘密》　　　　　　　　1939 年英文版　P.251

　　事实上，正在成长发展的儿童的特征是，他们必须遵循一个计划和进程表，既不许犯错误，也不许加快速度。

《有吸收力的心理》　　　　　　1958 年英文版　P.66

　　只有大自然才能规定应该遵循的教育方法，因为她已建立起某些法则和决定人类在其发展过程中的各种需要。这是由自然的目的所确定的——适合生命发展的各种需要和法则。

《科学的幼儿教育方法》　　　　　1912 年英文版　P.155

　　如果对儿童的肉体生命来说，他具有活跃的自然力量是必要的，那么，对儿童的精神生命来说，使他的心灵与万物接触也是必要的。其目的是：儿童可以使他自己直接从充满生气的大自然的教育力量中汲取养料。实现这个目的的方法是：让儿童参加农业劳动，引导他培育植物和动物，以便对大自然进行智力思考。

《有吸收力的心理》　　　　1958 年英文版　P.78

　　儿童带着最初的成就达到更高的经验水平。……他总是趋于加强自己的独立。他想自己做事情——搬东西、穿衣和脱衣，这都不是因为我们的建议。他的冲动是如此的强烈，以致我们通常作出的反应就是去阻止他。但是，我们在这样做的时候，实际上不仅是阻止儿童，而且是违背自然本身，因为儿童的意志是与自然的意志协调一致的，儿童正在依次遵循自然法则成长发展。

《有吸收力的心理》　　　　1958 年英文版　P.189—190

　　儿童在自然法则的指引下决定自己的行动。而成人是通过思考而决定自己行动的。很清楚，如果儿童要训练这种能力，那必要的是他不受某些人的指挥，而这些人在他生命的每一个时刻都在告诉他去做什么。内在力量影响着儿童的选择，如果某些人替代了这种内在力量的指引作用，那儿童的意志力和专注力两方面的发展就会受到阻碍。

《童年的教育》   1949 年英文版 `P.52`

只有当儿童能够根据心理的自然程序训练自己的能力时，他才真正地学习了。这就是为什么他会在普通学校使用的教学方法之下失败和隐藏他自己。只有当成人应用"间接干预"的科学方法帮助儿童自然发展时，儿童才能展现他令人惊讶的成就。

《有吸收力的心理》   1958 年英文版 `P.83—84`

说到心理成熟，其只能通过环境经验才能实现……如果在大自然准备让儿童去享受这些经验的乐趣时阻挠他这样做的话，那么，引导儿童去享受这些经验的乐趣的特殊敏感性就会消失，从而使他的发展受到干扰，其结果是阻碍他的成熟。

《有吸收力的心理》   1958 年英文版 `P.77`

任何强迫儿童自然发展的努力都可能是对他的损害。起引导作用的是大自然。万物都依赖于她，而且必须严格听从她的命令。同样，如果我们试图阻止正开始学习行走的儿童，那也是徒劳无功的。

儿童自身
隐藏着生命秘密

《童年的秘密》　　　　　　　　　1939 年英文版　**P.4**

　　没有一个人能够预言：儿童自身隐藏着一种生气勃勃的生命秘密，而且从这种秘密中能够揭开人类心灵的面纱；儿童自身具有的某种秘密一旦被发现，就能帮助成人解决他们个人的和社会的一些问题。正是这种秘密，能够为儿童研究这门新的科学奠定基础，从而能够更大程度上影响人的整个社会生活。

《童年的秘密》　　　　　　　　　1939 年英文版　**P.80**

　　对成人来说，儿童的心灵实际上是一个深奥难解的谜。这个谜之所以使成人感到困惑不解，是因为他们仅仅是根据它的外在表现，而不是根据它的内在的心理能量来作出判断。我们必须考虑到，在儿童活动的背后隐藏着可以破解的原因。没有某种原因，没有某种动机，就不会存在某种现象。

《有吸收力的心理》　　　　　　　1958 年英文版　**P.19**

　　无疑，存在着一种创造力量。起初什么都不存在，但大约一年以后，儿童就能知道一切。诞生时，儿童是一无所知的，没有记忆力和意志力，只是随着时间的推移，这种状况才得以改变。……所以，对于人来说，我们所面临的并不是发展的问题，而是如何形成的问题，因为不存在的东西必须从一无所有开始产生。婴儿采取的奇妙步骤就是从无到有，我们发现要理解这个人类之谜是很难的。

《童年的秘密》　　　　　　　　**1939 年英文版**　P.35

儿童肯定会展现出他们的特征，不仅仅是物种的特征，而且是个体心理的特征。物种的本能也明确地被展现出来，但将强加上某些基本特征：这就是我们知道的，所有正常儿童都会直立行走和说话。但是，每一个儿童都可以展现如此令人意外的个体变化，这就构成了一个谜。

《有吸收力的心理》　　　　　　　**1958 年英文版**　P.6

人的真正天性在他能力的自然发展中得以呈现出来，人的伟大变得更加清晰可见，因为心理压抑不再对他产生直接的影响，不再限制他的内部功能和压抑他的精神。

《童年的秘密》　　　　　　　　**1939 年英文版**　P.55

显然，在婴儿的心灵里，隐藏着成人仍然还不了解的秘密。因此，这些内在的秘密，唯一需要的是给予成人一种暗示和指导。这样，成人就可以立即意识到婴儿心灵里隐藏着的秘密，并将看到婴儿心灵是如何去展现这些秘密的。

《有吸收力的心理》　　　　　　　　1958 年英文版　`P.212`

　　重要的是创造本能，而不是说教，因为创造本能是实在的。儿童依据他们的天性而活动，并不是因为教师的告诫。……我们能够在他们每日每时连续不断的练习中机智地观察他们，遵循他们的天性发展他们。自然赋予他们的天性将会随着工作得到发展。儿童的天性提供一种内在指引，但要在任何领域得到任何发展，那都需要不断地努力和获得经验。

儿童发展
存在着个体差异

《科学的幼儿教育方法》　　　　　　1912 年英文版　`P.281`

　　在不同儿童的发展中，个体差异将在一种动作或另一种动作的优势中显示出来。这使得人们最感兴趣的个体心理学研究成为可能，并且会加大这种基于个体自由发展的方法的作用。

《为了新世界的教育》　　　　　　　1946 年英文版　`P.24`

　　确实……在个体中出现了区别；但是，我们既不会引起那些区别，甚至也不能引起那些区别。存在着一种内在的个性、一种自我，它是自发地发展起来的，而不受我们的支配；我们唯一能做的事情就是帮助他实现自我，移除他在趋于实现的成长道路上的各种障碍。他是一个潜在的天才，或一个潜在的将军，或一个潜在的艺术家。

《科学的幼儿教育方法》　　　　　　　1912 年英文版　P.302

　　在阅读和书写上，所有相同年龄的儿童并不是完全相同的。我们不仅不强迫一个儿童，而且甚至在他不希望这样做时不去诱使他，也不试图用一切方式去哄骗他。

《有吸收力的心理》　　　　　　　　　1958 年英文版　P.32—33

　　在特定的条件下，根据在基因中起支配作用的优先权，任何的胚芽都可以转化为漂亮的或不漂亮的、强壮的或不强壮的个体。归因于这些不同的组合，每个人与其他人都是不同的。所以，我们能够看到，在同一个家庭中，在同一个父母的孩子中，他们在外貌特征、身体素质和智力水平上会有很大的差异。

儿童教育方法
不能违背自然法则

《童年的秘密》　　　　　　　　　　1939 年英文版　P.179—180

　　我们教育方法的基本轮廓也是具有基本路线的一个整体，包括三个基本要素——环境、教师以及儿童使用的各种教具。……这种教育方法非常迅速地被应用于为所有社会条件的儿童，甚至所有种族的儿童所设立的学校，从而扩展了我们的经验，使我们能够看到在共同特征和普遍趋势之外存在的所有问题。因此，我们可以说，自然法则应该作为教育的首要基础。

《有吸收力的心理》 1958 年英文版 P.141

无论在教育幼儿方面，还是在其他什么方面，这条原则都是适用的。儿童具有他自己的发展法则，如果我们想帮助他发展，关键是遵循这些法则，而不是把我们自己的想法强加于他。

《童年的教育》 1949 年英文版 P.99

人自诞生时起就必须接受一种新的教育。教育必须重新进行构建，以自然法则为基础，而不是以成人事先形成的观念和偏见为基础。

《科学的幼儿教育方法》 1912 年英文版 P.216

所有的幼儿教育都必须遵循这个原则——帮助儿童身体和心理自然发展。

《有吸收力的心理》 1958 年英文版 P.2

在人的早期，教育必须被理解为对儿童的天赋心理能力发展的一种帮助。这意味着，我们不能采用仅仅依靠讲授的传统教学方法。

《科学的幼儿教育方法》 1912 年英文版 P.88

必须严格避免对儿童自发活动的压制和把任务专横地强加给儿童。在这里，我们所说的不是无用和危险的活动，对无用和危险的活动必须进行制止和杜绝。这一点无疑是不言而喻的。

《科学的幼儿教育方法》 1912 年英文版 P.140

我们将一些愚蠢的习惯强加于儿童，从而使这些自然表现转移方向。我们阻止儿童扑在地上、对空伸腿等，我们强迫他与成人一起行走并跟成人齐头并进，我们还声称为了不使他变得任性而不能让他想做什么就做什么！这实际上是一个致命的错误……

《科学的幼儿教育方法》 1912 年英文版 P.228—229

我的教育方法的最大成功应该是：促使儿童自发地进步。……我们可以把儿童比作一个钟表，用传统的方法教学就好比我们握住钟表的旋轮不动而用手指来回拨弄钟面的指针。只要我们通过手指一直给指针施加必需的动力，指针就会不停地绕着钟盘转动。虽然这种训练是如此的，但它是限于教师和儿童一起进行的工作。相反地，新的方法是不同的，也许可以比作给钟表上发条的过程，会使整个机芯转动起来。

《童年的秘密》　1939 年英文版　P.175

　　人们并没有看到方法，看到的只是儿童。人们可以看到，没有障碍和约束的儿童心灵在依据它的真正的天性去活动。我们窥见的那些童年时期的特征完全是儿童生命的一部分，就像鸟的色彩、花朵的芳香一样。它们根本不是任何"教育方法"的结果。然而，很明显，儿童的自然天性会受到教育的影响，因为教育试图采用一种帮助儿童自然天性地发展的方式去保护儿童和培育儿童。

《有吸收力的心理》　1958 年英文版　P.82

　　在某个器官发育成熟之前，我们不能教儿童行走。同样，在一定年龄之前，没有一个儿童能学习说话（但儿童一旦开始说话，就没有人能阻止他）。……儿童是遵循自然法则而成长发展的。确实，我把这些法则看作教育的基础。

《童年的教育》　1949 年英文版　P.93

　　在现今的文明社会，即将发生的危险之一就是我们在教育儿童时违背自然法则，在共同偏见的错误引导下窒息和扭曲儿童的个性。

《科学的幼儿教育方法》　1912 年英文版　P.358

　　我们必须提供与一个有机体发展的需要相对应的那些练习。如果儿童的年龄已超过某种需要，那他就因错过时机而不可能得到与之相应的充分发展。因此，这样的儿童长大后，常常会出现致命的和无法弥补的发育缺陷。

教育应该
始于诞生时

《有吸收力的心理》　　　　　　　1958 年英文版　P.66

　　如果教育始于诞生时，那这时就只能有一种教育。谈论对待印度婴儿、中国婴儿或欧洲婴儿的不同做法是没有意义的，因为这些做法属于不同的社会阶层。我们只能说到一种方法，那就是遵循人的自然发展法则。在获得人类的地位中，所有婴儿都有相同的心理需求，遵循相同的发展顺序。我们所有人都必须经历相同的发展阶段。

《有吸收力的心理》　　　　　　　1958 年英文版　P.2

　　"人的个性发展始于诞生之时。"从这一几乎是不可思议的断言中，人们得出了一个也许看似奇怪的结论：教育必须从诞生时开始。这个结论之所以奇怪，其原因是在实际意义上我们如何能够教育一个新生儿或一个两岁儿童呢？这个小生命不理解我们所说的意思，甚至不能移动他的四肢，我们能给他上什么课呢？我们所说的对这个小生命的教育难道仅仅是指卫生学吗？不，绝对不是。我们所说的教育要比这广泛得多。

《为了新世界的教育》"导言"　　　　　　1946 年英文版　P.2

　　教育不再仅仅是大部分知识的传授，而应该走一条新的道路，寻求人的潜能的发展。那么，这样的教育应该什么时间开始呢？我们的回答是：人类个性的伟大始于诞生时。实际上，这个断言充满着现实性，然而它显然是神秘的。

《童年的秘密》　　　　　　　　　　　　1939 年英文版　P.33

　　现在，人们经常反复说：教育应该始于诞生时。当然，对于"教育"一词，不应该从教学的含义上去理解，而应该从帮助儿童的心理发展上去理解。现在，从意识和潜意识之间的区别中，我们可以发现，从诞生的那个时刻起，儿童就有一种真正的心理活动。

《有吸收力的心理》"第一版前言"　　　1958 年英文版　P v

　　确实，我对目前人们普遍接受的"教育始于诞生时"的必要性赋予了实际的含义。只有当教育成为一种"对生活的帮助"以及不受教学和直接传递各种知识或思想的狭隘限制时，才能够被赋予这种实际的含义。蒙台梭利方法的最著名的原则之一就是"环境准备"。在生命的这一时期，即在儿童进入学校之前，这个原则提供了"教育始于诞生时"的钥匙，以及人类个体从最初开始的真正"培养"。

《童年的教育》　　　　　1949 年英文版　P.97

　　自然，绝妙的自然必定是构建一种更完美的超自然的基础。可以肯定的是，进步肯定能够超越自然而采用各种形式——然而，进步绝不会以践踏自然的方式进行。这些要点为那些通常的观点，即"教育须始于诞生时"，开辟了一条有实效的道路，尽管这些观点已经开始对我们的科学界产生影响。

《有吸收力的心理》　　　　　1958 年英文版　P.10—11

　　如果我们现在同意"教育始于诞生之时"，那教育使每一个人都知道发展的法则是极为必需的。为了改变教育仍然被社会冷漠和忽视的状况，必须建立治理社会的权威机构。社会机构必须去适应这种新观念，即人的生命要得到保护的内在必要性。所有人都应该为实现这种新观念提供帮助。

第四编

儿童自己正在主动地构建自我

儿童是一个正在
建构的生命整体

《有吸收力的心理》　　　　　　　　1958 年英文版　P.142

把生命分成两部分，即用四肢进行运动和用脑进行读书，这并非好事。生命应该是一个不可分割的整体，尤其是在人的生命早期，即儿童正在根据自己的发展法则而形成自我的时期，更应该如此。

《为了新世界的教育》　　　　　　　1946 年英文版　P.60

尤其在今天，行走练习必须构成教育的一部分。……生命是不能一分为二的，通过体育运动来活动四肢，通过阅读来活动头脑。生命必须是一个整体，尤其是在生命的早期阶段，那时儿童正在建构自身。

《童年的秘密》　　　　　　　　　　1939 年英文版　P.36

儿童将在与环境的关系之中有意识地发展他自己的所有功能。儿童将是他自己的创造者。因此，儿童运动器官的活力就是个人功能的实体化，并具有他自己的特征。

《科学的幼儿教育方法》　　　1912 年英文版　P.105

儿童要成长，不是因为儿童被养护，不是因为他呼吸，也不是因为他被置于他适应的温度条件中；而是因为他体内的潜在生命在发展并在体外显露出来，是因为促成其生命的生殖细胞按照遗传决定的生物学规律在自我发展。

《为了新世界的教育》　　　1946 年英文版　P.23

一个已经被证实的事实是：生命建构的计划是唯一的，所有类型的动物的生命都遵循这个计划。在动物胚胎中，这个计划实质上是可以看到的；在儿童心理学中，可以追踪这个计划；在社会中，也可以确认这个计划。这个事实是具有重要意义的……

《童年的秘密》　　　1939 年英文版　P.246

儿童在练习和运动中获得经验。因此，他学习协调自己的运动，并吸收来自外部世界的情感，把它融入自己的智慧中。通过特别注意听别人说话和尽可能的努力，他勤奋地学会了说话。通过不倦的努力，他成功地学会了站立和奔跑。在这一发展过程中，儿童就像世界上最认真的学生遵守一个课程表一样，就像星星按照不变的恒性沿着无形的轨迹运动一样。

《童年的秘密》　　　1939 年英文版　P.247

通过不断的活动、不懈的努力、获得的经验、遇到的挫折以及克服困难的尝试和斗争，儿童一步一步地完成了他的艰难而崇高的任务，而且总是具有一种新的完善的形式。事实上，成人在完善环境，而儿童在完善自身。儿童的努力就像一个人在奔跑时的努力，直到实现他自己的目的为止。所以，成人的完善取决于儿童。

《科学的幼儿教育方法》　　　　　1912年英文版　P.356

儿童通常的潜意识愿望就是自我发展。因此，他不满足已经得到的东西，而渴望仍在追求的东西。例如，他喜欢自己穿衣的动作，而不喜欢穿好衣服的状态，哪怕穿得很整齐；他喜欢自己洗澡的动作，而胜过洗干净后的满足；他喜欢为自己盖个小房子，而不仅仅是占有它。儿童的自我发展是他的真正的快乐，几乎是他的唯一快乐。

《科学的幼儿教育方法》　　　　　1912年英文版　P.376

如果对身体的关注使儿童在身体健康中获得愉悦，那么，对智力和道德的关注就使他有可能获得最高的精神愉悦。这使儿童进入正在等待着他的一个有无穷的惊奇和发现的世界，不仅在外界的环境中，而且在他自己心灵的深处。正是通过这样的愉悦发展，理想的人成长起来了。在人的童年时期的教育中，只有这样的愉悦发展才值得占有一席之地。

《科学的幼儿教育方法》　　　　　1912年英文版　P.345

当我们看到人性在这些儿童的心灵中遵循其内在规律而得

到发展时，这种令人惊讶的发展正是我们感到欣慰的。而且，只有说这种实验是如此伟大的人，才能从这样的种子播种中体会到收获的愉悦。

《为了新世界的教育》　　　　　　　　　1946 年英文版　P.54

我们可以看到自然发展的逻辑：首先，儿童准备他自己的工具，即手和脚；其次，他通过练习获得了力量；最后，他观察其他人所做的事情，模仿其他人的工作，以使他自己为生活和自由作好准备。

《童年的教育》　　　　　　　　　　　　1949 年英文版　P.76

人类是唯一天生没有固定行为模式的物种，这一点有别于其他物种。正如生物学家们最近指出的，人类在婴幼儿期永远是一种含蓄待发的状态，这是因为人类总是在不断的演进中发展。因此，这是人与动物的第一个区别——人没有从遗传中获得固定的行为。

《为了新世界的教育》　　　　　　　　　1946 年英文版　P.14

"成长是诞生的一个延续。"它仿佛是说，在生命的某一时期，一个心理个体终结，而另一个心理个体诞生。在这些时期中，第一个时期是从诞生到六岁，尽管表现出明显的不同，但贯穿整个时期的心理类型是相同的。在这一时期，可以观察到两个阶段：一个是从诞生到三岁的阶段；另一个是从三岁到六岁的阶段。在前一个阶段，表明儿童心理是成人难以接近的，成人不能对儿童产生什么影响。在后一个阶段，儿童的心理实体开始变得可以接近了，但只能采用一种专门的方式。

《有吸收力的心理》　　1958 年英文版 P.15—16

　　第一个时期是从诞生至六岁。……这一时期可以分为两个阶段，即诞生至三岁和三岁至六岁两个阶段。在诞生至三岁的阶段，儿童具有一种成人无法接近的心理类型，也就是说，成人不能对其施加任何直接的影响。事实上，没有为这样的儿童设立的学校。在三岁至六岁的阶段，儿童的心理类型仍然是相同的，但他开始变得在一些方面接受成人的影响。在这一阶段，儿童的个性已发生了很大的变化。

儿童承担着
内部形成的重要工作

《有吸收力的心理》　　1958 年英文版 P.4

　　儿童承担着内部形成的重要工作。总之，我们自己都是由儿童成长发展而来的。经历过生命的最初两年，儿童不仅要认识他在周围所看到的东西，使他自己了解并适应我们的生活方式，而且在还不能受教育的时候就要由他自己构建那些复杂的智力结构，这是我们的宗教情感以及特殊的民族和社会情感的基础。这仿佛是大自然保护每一个儿童免受成人观念的影响，以便给促使儿童发展的那位内在教师以优先权。在成人的智力能够影响儿童的精神和改变儿童的行为之前，儿童已有机会构建一个完整的心理结构。

《童年的教育》   1949 年英文版 P.47—48

　　确实，儿童发展的基础是非常清楚的。在发育期，即个人建构的时期，一种潜意识冲动促使他去认识自己的发展。当儿童得到做一件事情的机会时，他是最高兴的，他会回应这种冲动并付出最大的努力去完成这件事情。可以说，童年期是一个"内在生活"的时期，它趋于让所有器官发展、成熟和完善。外部世界的价值仅仅在于为它提供必要的方法，以达到由大自然设立的目标。

《有吸收力的心理》   1958 年英文版 P.12

　　我们通常会说，母亲塑造了儿童，那是因为是母亲教他行走、说话等。但是，这并不是真正由母亲教的，而是儿童自己的成就。母亲生下的是婴儿，但婴儿创造了成人。如果母亲去世了，婴儿仍然会成长发展，并完成他创造成人的工作。……儿童从他周围世界中吸收了材料，并用这些材料塑造了未来的成人。

《为了新世界的教育》　　　　　　　**1946 年英文版　P.16**

只有在人类身上，它不是一个简单的发展问题，而是从一无所有开始的创造。这是儿童迈出的巨大步伐，是成人不能迈出的步伐。儿童在心理类型上不同于成人，并具有与成人不同的能量，对实现这种创造来说它是必要的。实际上，儿童的这种创造并不意味着完成！他所创造的不仅是语言，而且是能够使他说话的器官。他创造了所有的身体运动，创造了所有的智力表达方式。

《有吸收力的心理》　　　　　　　**1958 年英文版　P.25—26**

儿童是与成人不同的，他自己并不是在走向死亡的道路上，而正在走向生活的道路上。儿童的工作就是要形成一个充分健全的人。但是，到了成年时期，那个儿童就消失了。所以，儿童的整个生活就是走向完善，走向更加完美。由此我们可以推断，儿童乐意做好他自己所需要的工作。儿童的生活就是工作——尽到他自己的责任——带来了欢乐和幸福。

《童年的教育》　　　　　　　**1949 年英文版　P.97**

人不是一个仅仅依靠物质营养而生活的躯体，也不是命中注定就只是个受制于肉欲情感的生命。人是被自然赋予智慧的高级生物，注定要在世上从事一项伟业。他必须改变世界、征服世界和利用世界，建造一个充满惊奇的和超越自然界奇迹的新世界。正是人创造了文明社会。这项伟业工程是浩瀚的，也正是人的肢体所需完成的目标。自在世上诞生时起，人一直就是辛勤的耕耘者。

《有吸收力的心理》   1958 年英文版 P.50

在这个不能行动的生物身上存在着一种综合力量，即"人的创造力"，驱使他自己去形成他那个时代的人、他那个文明社会的人。在利用他所具有的这种有吸收力的器官时，他遵循着整个人类成长发展的普遍规律。

《童年的教育》   1949 年英文版 P.90

儿童确实构建起一些东西。他自身通过一种心理模仿的形式复制其环境中的人的各种特征。因此，在成长发展过程中，儿童不仅仅成为一个人，而且成为其种族中的一个人。

《有吸收力的心理》   1958 年英文版 P.89

儿童用自己接受的那些深刻印象来建构其内心深处的自我，尤其是在生命初期。儿童在婴儿期只是通过幼稚的能力获得个性特征，这将永远是他的标记——他的语言，他的宗教，他的种族，等等。这是他适应世界的方式，并在世界中发现自我。在这样做的过程中，儿童是欢乐的，其心理渐渐地变得成熟。

《科学的幼儿教育方法》   1912 年英文版 P.87—88

当儿童刚刚开始变得主动的时候，就去阻止他的一种自发活动，其后果我们无法预测，但我们也许扼杀了生命本身。在这个娇弱的年龄期，灿烂的智力闪烁着关爱的光芒，就像黎明初升的太阳、含苞待放的花朵。我们必须虔诚地尊重儿童早期个性的表现。如果要使任何一种教育活动有效，那就要促进这种生命的全部展开。

儿童诞生时刻的冒险和恐惧

《有吸收力的心理》　　　1958 年英文版　**P.61**

　　我们必须对这一时期，或者宁愿说对诞生这一时刻进行单独的思考。……我们正在论述的不仅仅是一个艰难时刻，而是关系到整个未来的一个关键时刻。现在正在发生的是一种潜在能量的唤醒。这些潜在能量将承担指引儿童（这个"精神胚胎"）去完成巨大的创造工作的任务。……这个最初的阶段是最为重要的，因为在这一阶段，所有的神秘力量都已作好了准备。

《为了新世界的教育》　　　1946 年英文版　**P.29**

　　事实上，儿童必须被认为是具有生命的胚胎，在诞生前和诞生后都得到了发展。这个生命被一个伟大的事件，即"诞生冒险"打断，通过诞生他进入了一个新的环境。其本身的变化是非常大的，就像一个人从地球来到月球一样。但这还不是全部，为了迈出伟大的一步，儿童必须付出一种极大的心理努力。

《有吸收力的心理》　　1958 年英文版　P.59

　　儿童突然被强迫去适应一个完全不同于他生活过的环境，被迫立刻去承担之前从未有过的职责，而且他发现自己是在一种无法形容的精疲力尽的状态中去做这件事情——这是在一个人的整个生命中最艰难而又最有戏剧性的考验。所以说，现代心理学家们杜撰了"诞生恐惧"一词，用来描述儿童心理生活中这一关键和决定性的时刻。

《为了新世界的教育》　　1946 年英文版　P 31—32

　　现今，心理学家们对他们称为的"诞生的艰难"很感兴趣。他们得出结论：儿童肯定经历了因诞生而带来的一次大的惊吓。在心理学中所使用的一个科学术语就是"诞生恐怖"。它并不是一种有意识的惊吓，而是新生儿潜意识地感受到惊吓……在儿童后来的发展中所出现的性格缺陷中，这种"诞生恐怖"的后果已经被证实。一种心理畸变发生了，正是这心理畸变使得儿童不正常了，从而走上一条错误的道路。所造成的性格缺陷可以用"心理压抑"这样的词来概括，这些儿童的特点是回避生活，似乎他们的生命仍然依附于诞生前就存在的一些东西，如对世界感到厌恶和拒绝。

新生儿
是一个精神胚胎

《为了新世界的教育》　　　　　　　　　1946 年英文版　P.23—24

新生儿是一个精神胚胎，因此，所有的儿童在诞生时都是相似的，在胚胎生长和心理实体化阶段，需要受到相同的对待和接受相同的教育。无论什么类型的人，天才或劳动者，圣徒或罪犯，都是来自儿童的工作，每一种人都必须经过这些实体化阶段。所以，在生命的最初几年，教育必须对所有人是相同的，必须受到自然本身的支配，受到正在成长的生命的某些需求的激励。

《童年的秘密》　　　　　　　　　　　1939 年英文版　P.17

大自然用难以探测的面纱和护套把人类发育中的胚胎包裹起来，只有她自己能够打开，当最后打开时，一个成熟的、完整的新生命在世上诞生了。但是，这个诞生的生命并不仅仅是一个物质的机体，他像生殖细胞一样，自身也具有预定形式的心理机能。

《有吸收力的心理》　　　　　　　　　1958 年英文版　P.52

新生儿应该做一项形成工作，在心理领域进行的这项工作恰恰与胚胎在生理领域所做的工作相关联。新生儿面前存在着一个生活阶段，其既不同于他待在子宫里的生活，也不同于他长大成人后的生活。这种诞生后的工作是一种建构活动，是在我们称为"形成阶段"进行的。这使婴儿变成一个"精神胚胎"。

《童年的秘密》　　　　　1939 年英文版　P.19

新生儿不仅具有作为一个机体所特有的机能，而且具有作为一个精神胚胎所特有的心理能力。如果认为人的丰富的心理活动远远高出其他生物的特点和特征，以致只有人没有心理发展的图式，那这种观点显然是荒谬的。

《有吸收力的心理》　　　　1958 年英文版　P.52—53

人在地球上的出现是生命的一个飞跃，是新的生命路程的起点。……人类这个物种具有一种双重胚胎生活。这种胚胎生活是采用一种新的设计而建构的，与其他物种相比，具有一种新的生活路程。

《为了新世界的教育》　　　1946 年英文版　P.27

儿童在诞生时并没有表现出这些能力，在最早的童年期每一个儿童都应该获得人类的能力。在诞生时，儿童没有运动的力量，几乎是没有活动能力的。像其他动物一样，他通过练习能够学会行走、跑步和攀爬，但必须通过自己的努力。

《童年的教育》 　 　 　 　 　 　 1949 年英文版 P.76—77

　　人在婴儿期没有活动能力，不像其他许多哺乳动物，诸如小猫、马驹、牛犊等，在幼仔期就具备成年物种的行为特征。这些物种几乎一生下来就可以站立，而且在哺乳期就可以跟在它们的母亲后面行走。……相反，人的婴幼儿在很长时间里是没有什么活动能力的。

《童年的秘密》 　 　 　 　 　 　 1939 年英文版 P.34

　　就运动而言，人类的婴儿在运动力量上的发展要比其他动物的幼崽慢。儿童从诞生时起就能立即运用他的感觉器官对光线、触摸、声音等有所反应，但他的运动力量是很小的。他既不能站立，也不能行走或说话。新生儿在很长的一段时间里比任何其他动物更表现出一种孤弱而无助的样子。

《有吸收力的心理》 　 　 　 　 　 1958 年英文版 P.12

　　襁褓中婴儿的心理能力远远超出人们通常的想象。从心理学上讲，他在诞生时是一无所有的。而且，这不仅仅表现在他的心理上，因为他在诞生时也不能协调地运动。与他的几乎毫无用处的四肢相对应的是，他什么事情都不能做。然而，随着时间的推移，儿童开始走路和说话，并取得一个又一个成就，直到用他的身体和心智上的全部天赋形成一个人。这打开了通向一条永恒真理的道路。

《为了新世界的教育》　　　1946 年英文版　P.13

　　心理学家们已开始观察出生第一年的幼儿，并宣称发现人的建构和成长从这一时期就开始了。从心理学的观点来看，人在诞生时完全是一无所有的——零！实际上，不仅在心理上而且在生理上，新生儿在诞生时几乎是全身"瘫痪"的和没有活动能力的，不能做任何的事情。过了一段时间，他才能说话和行走，一步一步地克服困难，运用他的全部能量和全部心智，直到他自己成长为一个健全的人！

《童年的教育》　　　1949 年英文版　P.9

　　在这个世界上，人正是以一个新生儿的形式出现的，并通过创造一种真正的奇迹而得到迅速的发展。新生儿既没有语言，也没有任何其他反映人的习惯的特征。他既没有理解力和记忆力，也没有意志力，甚至没有到处行走或使自己站立的能力。然而，新生儿表现出一种真正的心理创造。

《童年的秘密》　　　1939 年英文版　P.21

　　新生儿在诞生时没有进入一个自然的环境，而是进入了一个人类生活的文明环境。那是一个"超自然"的环境。人们为了使自己有一种更安逸的生存方式，抛弃了自然的环境而建立了一个与之相反的环境。当新生儿由于诞生而从一种生存方式进入另一种生存方式时，他必须用最大的努力去适应这种生存方式……

《为了新世界的教育》　1946 年英文版　P.31

确实，人的心理肯定是以某种神秘的方式开始的，现已证明在诞生之前就开始了，因为我们发现在新生儿的心理中有些能量是如此强大，使他不仅具有创造任何能力的可能性，而且也具有适应任何环境的可能性。

《童年的教育》　1949 年英文版　P.79

和成人相比，儿童除体格小和体质弱外，肯定还有某种特殊的功能。他不能一生下来就具有成人所具有的一切特点。实际上，如同发生在其他物种身上的情况那样，如果儿童已具有了这些固定的特点，那么，人就永远不可能使他自己适应如此不同的环境和习惯，永远不可能在他的社会习俗上得到发展，永远不可能从事各种不同形式的工作。

《有吸收力的心理》"第一版前言"　1958 年英文版　P.v

在没有教师、没有通常的教育帮助，而且在几乎被抛弃和常常受到阻碍的情况下，这些心理能力使儿童能够建构并牢固地形成他的个性。这种成就是由具有巨大潜能的新生儿所创造的，然而，新生儿的身体是如此虚弱，他的所有的心理能力通常又是如此缺乏，以致其几乎可以被称为"零"。但是，不到六年时间，新生儿的能力早已超过其他的物种，他创造的这种成就确实是人的生命的最大秘密之一。

《童年的秘密》   1939 年英文版   P.28

　　因为新生儿需要的帮助，并不是病人需要的帮助，而是一个迫切想使自己在身体上和心理上适应新的和陌生的环境的人需要的帮助，因为他的感觉是敏锐的。……我们面对新生儿，不应该是对待病人或弱者的怜悯，而应该是对造物的神奇的崇敬，应该是对一种无限的秘密的崇敬。

《有吸收力的心理》   1958 年英文版   P.74

　　新生儿开始面对外部世界，并具有从外部世界吸收的欲望或需要。应该说，他生来就有"征服世界的心理"。通过吸收其在周围环境中发现的一切，他形成了自己的个性。这就是儿童走进世界的最初阶段的标记。如果儿童感到有一种征服其周围环境的冲动，那周围环境肯定对他有着某种吸引力。因此，可以这样说：儿童肯定与他的世界"相爱了"……

《童年的秘密》   1939 年英文版   P.46

　　在婴儿的生活中，这出内在戏剧是一出爱的戏剧。从最广泛的意义上来说，爱是唯一的伟大的现实，正在儿童心灵的神秘壁龛里展现出来，并不时地吸引着儿童的整个心灵。这些令人惊讶的活动并没有停止，并留下不易除去的痕迹，但人通过这些活动将变得更加优秀，并使自己具有了更崇高的品质，这些品质将伴随他的一生。然而，这一切都是在不知不觉的情况下发生的。

《有吸收力的心理》　　　　　　　　　　　1958 年英文版　P.53

　　给予新生儿的最重要的关爱——优于所有其他的事情——必须是对他精神生活的关爱，而不仅仅是对他身体生活的关爱。但是，后者在今天却占据了支配地位。

《有吸收力的心理》　　　　　　　　　　　1958 年英文版　P.65

　　从"精神胚胎"中，往往可以产生天才艺术家、民众领袖、圣徒或十分普通的人。而且，这些普通人会具有不同的兴趣爱好，并由此引导他们在社会结构中获得不同的地位。

人生最初
两年的重要性

《为了新世界的教育》"导言"　　　　　　　1946 年英文版　P.2

　　生命的最初两年是人的一生中最重要的时期。观察表明幼儿是具有独特的心理能量的，并指出通过同儿童天性的合作（确切地说是教育）的新道路把这些心理能量激发出来。

《有吸收力的心理》　　　　　　　　　　　1958 年英文版　P.2

　　在我们的时代里，已经看到对新生儿心理生活的巨大兴趣的觉醒。……在整个人生中，人的生命的最初两年是最重要的。

《家庭中的儿童》中国发展出版社　　　　　2012 年版　P.43

　　从儿童出生之日起，我们就必须试着观察那些表明儿童心理生命如何发展的、难以捉摸的行为表现，以便了解儿童生命最初几个月的发展模式。

《有吸收力的心理》　　　　　　　　　　1958 年英文版　P.106—107

　　确实，儿童是能够创造奇迹的人，教育者应该深深地感受到这一点。到两岁时，这个小家伙已学习那么多的东西。在这两年中，我们看到他的内心意识已渐渐地觉醒，也采取了更快的节奏，直到突然间他好像被一股风吹起，并开始有意识地去支配一切行为。

《童年的教育》　　　　　　　　　　　　1949 年英文版　P.9

　　现今，科学界对从诞生到两岁的儿童的心理具有极大的兴趣。几千年来，人类因为不重视这种自然奇迹而忽视和不关注儿童——对心智的形成来说，人的个性肯定是一种奇迹。

《有吸收力的心理》　　　　　　　　　　1958 年英文版　P.3

　　人的生命最初两年使我们打开了新的眼界，因为我们可以看到那些至今尚未被认识的心理形成的法则。这就是儿童自身给我们提供的启示。儿童使我们了解到一种与成人心理完全不同的心理生活。新的道路就在这里！

《有吸收力的心理》 　　　　1958 年英文版　P.85

　　儿童会经历一些连续的发展阶段，每一个阶段的环境都是他的游戏活动的一个重要部分，只是作用有所不同。但是，在这些阶段中，刚诞生的那个阶段是最重要的。迄今为止，很少人对这一阶段进行观察，因为它只是一个时间很短的阶段，所以，他们甚至怀疑儿童诞生后的最初两年中没有心理需求。然而，现在人们已知道，如果仍然如此专横地忽视儿童生命初期的心理需求，那以后就会产生对儿童有伤害的后果。

《为了新世界的教育》 　　　　1946 年英文版　P.56

　　一岁半这个年龄阶段成为心理学家们的一个重要的兴趣中心，因为它是一个最重要的教育时期。从生理学观点来看，这是训练上肢和下肢之间协调的阶段；从心理学观点来看，这是儿童充分展现他的发展的前夕，早前的努力使他的内心向外显现出来，因为他将在两岁时实现语言的爆发。一个众所周知的事实是：这是儿童要作出巨大努力的一个年龄阶段，他应该得到激励，进而表现出一种模仿的本能。

《有吸收力的心理》 　　　　1958 年英文版　P.137

　　我们已讨论了一岁半儿童的情况。这一年龄已成为人们关注的兴趣中心，因此，它也完全有可能成为教育上的一个转折点。这时，儿童的上肢已准备和下肢协调一致起来。儿童的人格也将得到发展，因为随着两岁时的"语言爆炸"的到来，他将很快就进入一个真正的全面发展阶段。当儿童快到一岁半时，他早已努力表达其内心的想法。可以说，这是一个儿童需要付出巨大努力进行建设性工作的时刻。

三岁是人生的
一条分界线

《为了新世界的教育》　　　　　　　1946 年英文版　P.62

　　在人生的头三年和以后各时期之间，自然似乎画了一条分界线。前一个时期尽管具有创造性的和十分重要的活动，但它与诞生前的胚胎生命相类似，成为一个被遗忘的时期，因为人只是在三岁时才开始有充分的意识和记忆。人们把三岁之前的这一时期称为"心理胚胎期"，已经有了个别的和独立的发展，例如，语言、四肢运动及其协调、一些感官的发展……

《有吸收力的心理》　　　　　　　1958 年英文版　P.143—144

　　在三岁时，儿童的生命似乎重新开始了。因为这时意识闪烁出它的全部光芒，辉煌夺目。在无意识发展和有意识发展这两个阶段之间，似乎存在着一条明显的分界线。在前一个阶段，不可能存在意识记忆。只有在意识产生之后，我们的人格才能够统一，因而才会有记忆力。三岁之前，儿童的各种机能正处在被创造的过程之中；三岁之后，它们则处在发展的阶段。

《为了新世界的教育》　　　　　　　1946 年英文版　P.74

诞生后的头三年是最重要的，这三年中的影响能够改变儿童一生的性格。甚至在那时已形成一种性格，或者处在与障碍发生的冲突之中，或者处在摆脱障碍的自由之中。

《科学的幼儿教育方法》　　　　　　1912 年英文版　P.96

他仍然要依靠别人，因为他还不能走路，不能自己洗脸和穿衣，还不能用一种清楚易懂的语言提出要求。在这个时期，他在很大程度上仍然是每一个人的奴隶。然而，到三岁时，他能够在很大程度上独立、自由地支配他自己。

《有吸收力的心理》　　　　　　　　1958 年英文版　P.4

到三岁时，儿童早已打好他自己作为一个人的天性基础。只是到那时，他才需要来自专门的教育影响的帮助。他已取得如此巨大的成就，因此，人们就可以说：进入学校的三岁儿童已经是一个小大人了。心理学家们常常断言，如果将我们成人的能力与儿童的能力作比较的话，那么，我们将需要 60 年的艰苦努力去做儿童三岁时所做的事情。他们正是用这样的一句话表达了这个意思："三岁儿童已长大成人了。"然而，儿童还远远没有用尽这种奇特的能力，即从自己的环境中吸收的能力。

《有吸收力的心理》　　　　　　　　1958 年英文版　P.143

　　这种发展一直要持续到三岁——在这个具有极大创造性的阶段里，发生了许多变化。然而，尽管如此，我们仍然把它考虑为一种被人遗忘的生活的一部分。仿佛大自然画了一条分界线：在分界线这一边，我们不再能记住曾发生的事情；在分界线另一边，记忆开始了。被忘记的那部分生活，我们称为"心理胚胎期"，或者换句话说，就如没有人能够记住的"胎儿期"生活。但"心理胚胎期"和"生理胚胎期"之间有着明显的区别。

《为了新世界的教育》　　　　　　　　1946 年英文版　P.62

　　向我们走来的儿童在三岁时似乎还是一种不能被理解的生物，他和我们之间的联系已被自然分离了，所以，我们或者应该了解在这个最早的时期所发生的一切，或者应该认识自然本身，免得我们无意破坏自然建构的东西。

《有吸收力的心理》　　　　　　　　1958 年英文版　P.144

　　这个潜意识创造者，这个被忽视的人，似乎从人类的记忆中被抹去了。因此，当三岁儿童向我们走来并向我们致意时，我们发现，他是一个我们无法理解的人。把我们与儿童连接在一起的纽带被自然地割断了。这就是成人摧毁天性会有如此多危险的原因。

三岁至六岁开始了
一个真正的构建阶段

《有吸收力的心理》　　　　　　　　　　**1958 年英文版**　P.144

　　从三岁至六岁，儿童开始了一个真正的构建阶段，他能够有思考和有意识地应对他的环境。他以前创造的那些被隐藏的能力现在能够展现出来，因为他有机会在他周围世界中有意识地获得经验了。这样的经验并不仅仅是玩耍或者一些无目的的活动，而是他为了发展必须从事的工作。他的手受理智的支配而开始从事人类所特有的工作。……我们发现，他的双手非常忙碌。儿童过去仿佛通过一种无意识的智力去吸收世界，而现在是"用他的手去占领世界"。

《蒙台梭利儿童教育手册》　中国发展出版社　　**2006 年版**　P.17

　　真正合乎逻辑的是，如果三岁至六岁儿童确实有一种自然倾向可以吸收文化，可以学习，我们就应该把握时机，在环境中配备合适的设施和活动来让儿童进行探索，让他一步一步地吸收文化。

《有吸收力的心理》　　　　　　　　　　**1958 年英文版**　P.145

　　这一阶段儿童的心理存在着两种倾向：一种倾向是通过对

环境起作用的活动来扩展意识；另一种倾向是完善和丰富那些已形成的能力。这些情况向我们表明，三岁至六岁是一个通过活动"进行构建和完善"的阶段。

《为了新世界的教育》　　　　1946 年英文版　P.63

　　儿童完全处在成人的关爱之中，但如果他不能受到自然或科学智慧之光的照耀，那将在儿童的生命中出现一些最大的障碍。三岁儿童必须通过在环境中的练习得到发展，使用他在前一时期已创造的东西。他已忘记那几年里发生的事情，但是，他那时创造的能力现在已在意识层面出现，通过经验而有意识地运用。在心智的指导下，手进行了一种工作，将意志付诸行动。就儿童而言，他以前是通过心智来感受世界的，而现在是通过双手来获得世界的。

《有吸收力的心理》　　　　1958 年英文版　P.155

　　众所周知，游戏、想象和提问是这一年龄儿童的三个基本特征。但是，常常存在着一些误解。有时候，儿童提出的那些问题是难以回答的。

《为了新世界的教育》　　　　1946 年英文版　P.74

　　对性格形成来说，三岁至六岁这一时期是最重要的，因为儿童在这一时期逐渐形成性格，不是由于外部的榜样和压力，而是由于天性本身。

《蒙台梭利儿童教育手册》 中国发展出版社 　　**2006 年版** P.22

　　在三岁至六岁这个年龄段，儿童另一个熟知的特征是，总爱问问题。总想知道事情的真相，成人应该将此当作一件有趣的事，不要感到厌烦，因为我们正面对一颗求知的心。

《有吸收力的心理》 　　　　　　　　**1958 年英文版** P.212

　　幼儿的教育是重要的，尤其是三岁至六岁儿童的教育，因为这一阶段正是性格和社会情感形成的胚胎期，就如诞生至三岁时期是心理形成阶段、诞生前的时期与身体形成的时期是一样的。三岁至六岁儿童所得到的发展并不是取决于说教，而是取决于引导他精神建构的自然天性。这些就是人类行为的最初起源，只有在自由和有秩序的适宜环境中才能得到发展。

《为了新世界的教育》 　　　　　　　**1946 年英文版** P.11

　　对我们的三岁至六岁儿童，甚至年龄更小的儿童进行的实验表明，实际上，在那个年龄阶段进行学习不仅不会产生疲劳，而且会变得更加健壮。并不是所有的工作都会带来疲劳，……我们也感到，儿童需要对自己的肌肉进行练习，以使它们更加强健。在儿童的心智发展上，同样也是如此。儿童们不仅看起来是不疲劳的，而且在心智上更有活力，获得了力量和健康。

《有吸收力的心理》 　　　　　　　　**1958 年英文版** P.16—17

　　众所周知，儿童在六岁时发生了变化，他已充分成熟，可以参与学校生活。所以，人们接受了这一观点，即儿童在六岁时已懂得许多事情。……如果一个儿童可以进入学校、认识他周围的道路和理解别人所说的概念，那就意味着儿童的心理已获得很大的发展，因为他在诞生时是不能做到这些事情的。

第五编

童年期是人生中

最重要的时期

童年时期是最有
决定意义的一个时期

~~~~~~

《有吸收力的心理》"第一版前言" 1958 年英文版 P.v

在人的生命中，童年时期是最早的和最有决定意义的一个时期。

《有吸收力的心理》 1958 年英文版 P.19

生命的最重要时期并不是大学学习阶段，而是生命的第一个阶段，即诞生至六岁时期。因为在这一时期，人的智力（其最重要的工具）正在形成。但是，这不仅仅是他的智力形成期，而是他的整个心理能力建构期。

《蒙台梭利儿童教育手册》 中国发展出版社 2006 年版 P.150

童年是人的一生中最重要的发展阶段，道德的贫乏或精神上的疾病都会对人造成致命的影响，其严重性不亚于身体的挨饿受冻。由此可见，儿童教育确实是人类教育发展中最关键的一环。

《有吸收力的心理》 1958 年英文版 P.169

第一个时期是一个具有创造性的时期。虽然诞生时儿童是没有性格的，但性格就在这一时期扎下根基。零岁至六岁是人的生命中最重要的时期，也是性格发展最重要的时期。众所周知，怀抱中的婴儿既不可能受到榜样的影响，也不可能受到外在压力的影响，所以，肯定是天性本身为性格奠定了基础。

《有吸收力的心理》　　　　　　　　　　**1958年英文版**　P.24

　　现在，我们能很容易地理解为什么人的发展的第一个时期，即性格形成时期是最重要的。正是在这一时期，儿童最需要一种明智的帮助，因为阻碍其创造性工作的任何障碍都将减少他充分发展的机会。所以，我们应该帮助儿童，因为我们不再把儿童看作弱小的生物，而把儿童看作具有巨大创造力的人，但他的天性又是如此脆弱而需要得到爱和适当的保护。我们要帮助的是儿童的这些能力，而不是他的弱点。

创造自我与实现和谐
是童年时期的真正目的

《有吸收力的心理》　　　　　　　　　　**1958年英文版**　P.49

　　在儿童身上，除了创造自我和使自己趋于完美的极其重要的冲动力外，肯定还存在着另一种目的，即实现和谐的责任，因而必须去做一些事情，为整个生物群体服务。你们肯定会问：

"那么，童年时期的真正目的是什么呢？"如果不首先回答这个问题，那我们就很难在继续进行的科学的教育中充满信心。

《有吸收力的心理》   1958 年英文版   P. 20

儿童具有与我们不同的其他能力，他完成的创造是很大的，也就是创造一切。他不仅创造了他的语言，而且形成了能使他说话的器官。他必须构筑一切活动的生理基础，创造智力的一切要素以及人所具有的一切。这一令人惊讶的创造工作并不是意识的产物。

《有吸收力的心理》   1958 年英文版   P. 57

在人的个体发育上，幼儿时期的真正作用就是在一个具有适应性的时期建构一种行为范式，以使他能够在周围世界中自由行动，并影响这个世界。所以，今天，儿童必须被看作一个把不同历史时期和不同文明水平联系起来的连接点。幼儿时期确实是一个重要的时期。

《有吸收力的心理》   1958 年英文版   P. 4

可以说，每一个儿童都有一位辛勤的教师，其教学技能之熟练使世界各地的儿童都获得了完全相同的成就。在没有人能教儿童任何事情的时候，人们说的优美的语言就是儿童在婴儿期唯一要学习的东西！……因此，肯定有一种特殊的心理能量在起作用，为幼儿的发展提供帮助。

《有吸收力的心理》　　　　　　　　　　1958 年英文版　P.187

　　受到欢迎的这些品质是在这个创造时期形成的，但如果那时这些品质没有机会形成的话，那它们后来就永远不会形成了。无论说教还是好的榜样，都将无法使这些品质形成。

儿童发展依赖于
冲动的生命力量

《童年的秘密》　　　　　　　　　　1939 年英文版　P.263

　　事实上，自然界最辉煌的奇迹之一是，尽管新生儿完全缺乏经验，但其具有的力量能使他发现自己的道路和防御外界的伤害。通过在敏感期的部分、短暂的本能的指导，他能够做到这一点。确实，这种本能真正地引导他克服接连不断的困难，以不可阻挡的力量不断地激发他。

《为了新世界的教育》　　　　　　　　1946 年英文版　P.32—33

　　与这些心理压抑的儿童形成对照的是，正常儿童表现出强烈地趋于独立的自主倾向。通过获得更大的独立性，克服前进道路上的每一个障碍，他就得到了发展。这种冲动的生命力被称为"策动力"，类似于成人的意志力，尽管后者对个人来说是更微小的和更有限的。与此同时，策动力一般是属于生命的，是一种为了进化而工作的神圣力量。

《童年的秘密》 1939 年英文版 P.39—40

　　婴儿具有一种创造的能力、一种潜在的能量，因此，他能建构一个与他周围环境不同的心理世界。在这个方面，他将面临一些阻碍自己发展的冲突，面临一种保护自己心理活动的斗争，尽管这种心理活动是无意识的且与实际联系很少，但一些不可抗拒的结果将被看作其工作的最后成就。

《有吸收力的心理》 1958 年英文版 P.73

　　策动力一般是属于生命的，属于可能称为"心灵冲动"的东西，即一切进化的源泉。对于儿童发展来说，这种生命力量促使他自己去进行许多活动。如果他能正常发展而不受到阻碍，那么，这种生命力量自身便表现为我们所说的"生命之欢乐"。儿童总是充满热情的，总是幸福快乐的。

《童年的教育》 1949 年英文版 P.123

　　并不是这些想法吸引了儿童的注意力，而是他的生命力在起作用。字母表的练习给予他极大的热情，因为在语言发展阶段，儿童的内心有一股正在燃烧的火焰激励着他自己努力去创造。

《童年的秘密》   **1939 年英文版** **P.43**

儿童内心具有生机勃勃的冲动力，由此使他做出精彩的表演，表现出惊人的行动。如果儿童失去这些冲动力，那就意味着他将是无识别能力和无活力的。但是，成人并不能从外部对儿童内心的这些不同状态的冲动力产生影响。……儿童越来越强的生命力就是他实现一个个奇迹般自然征服的动因，这在他的心理发展中可以观察到。

《有吸收力的心理》   **1958 年英文版** **P.49**

儿童在诞生时就具有内在建构的可能性，但必须通过环境中的活动来逐渐展现。儿童诞生时一无所有，在这个意义上，他既没有心理特质，也没有先天的运动能力；但是，他本身具有一些决定其发展的潜能，这将使他能够在周围世界中形成自己的特点。

《童年的教育》   **1949 年英文版** **P.79**

确切地说，人类有别于动物的东西是与遗传有关的。很明显，他没有继承其特有的特征，而是继承了构成这些特征的潜能。因此，在诞生后，这些特征随着每个儿童的不同而建构起来。

《有吸收力的心理》   **1958 年英文版** **P.2**

儿童具有各种尚未被了解的能力，这些能力能引导我们走向一个绚丽多彩的未来。如果我们确实想建立一个新世界，那么，教育必须把这些潜在可能性的发展作为目的。

《为了新世界的教育》　1946 年英文版　P.12

面对这种有关儿童身上的巨大潜力以及它对人类的重要意义的观点，我们必须仔细地观察这种潜力，看看我们可以用什么方法为它提供帮助。

《有吸收力的心理》　1958 年英文版　P.14

儿童是在内在指导的监护下，在深奥的心理秘密深处进行这个形成工作的。这就是人类新的美好希望。人类心灵要求我们去做的和去实现的事情就是对这个建造工作提供帮助，但并不是重新建造。这是在儿童——成人的儿子身上显现出巨大潜能的一种形成工作，而这些潜能正是自然赋予他的。

《有吸收力的心理》　1958 年英文版　P.69

对儿童来说，尽管他在生理生活上承受的危险很大，但比他在心理生活上承受的危险要小很多。……在生命初期……尽管他并没有可以遵循的遗传的行为模式，但他却具有能够驱使其发展的"潜在能量"，并通过运用于外部世界而表现出来。

《有吸收力的心理》　1958 年英文版　P.61—62

虽然没有遗传的记忆来指引他，但儿童将经历充满着潜在力量的各种无形的星云状欲望，这些具有指引责任的欲望会在他身上具体化，人的行为方式正是他自己在其环境中发现的。我们把这些无形的欲望称为"星云"。

《科学的幼儿教育方法》　　　　　　　1912 年英文版 　P.104—105

儿童是成长的身体和发展的灵魂，这两种形式（生理的形式和心理的形式），有一个永恒的根源，即生命本身。我们肯定既不能消灭也不能抑制这两种发展形式中存在的神秘力量……

《科学的幼儿教育方法》　　　　　　　1912 年英文版 　P.106

生命是至高无上的女神，总是在发展着，总是在消除环境在她的前进道路上设下的那些障碍。不管它涉及的是种类还是个体，胜利者总是在继续前进——这是基本的真理。在这些胜利者身上，这种神秘的生命力量是强大的、充满生机的。

《童年的秘密》　　　　　　　　　　　1939 年英文版 　P.37

这种准备并不是全部依赖于大自然，实际上部分（指明方向和意义的最高级部分）是依赖于个人能量的。源于大自然的能量是神奇的。当我们在谈论人的时候，这是必须考虑的第一个事实。总之，人的一种有活力的心理肯定会在他的行动中体现出来，在世界中表现人自身。这是儿童生活的第一个篇章，也是人的第一个任务。

《科学的幼儿教育方法》　　1912 年英文版　P.359

在儿童身上，有一种神秘的冲动力。它是大自然的声音，儿童应该服从它。如果这种冲动力受到任何行为的侵犯，那儿童就会像每一种为生存而顽强战斗的生物一样进行反抗。他会通过剧烈的行动，如叫喊和哭泣，表明他受到了压制和被迫放弃自己的人生使命。

《童年的秘密》　　1939 年英文版　P.263—264

主导本能是伟大的、创造的生命实验室的基础，决定着所有物种的生存和繁衍。生物在照料它们后代时所具有的情感，不仅使大自然赋予它们的任务更加容易完成，而且也使它们在完全服从大自然指令时能感受到特殊乐趣。

《有吸收力的心理》　　1958 年英文版　P.236

在已来到的这个世界上，这些儿童中还没有一个人发现对教具的强烈兴趣足以唤醒其神圣而强有力的天性。儿童的个性没有得到锻炼，因而他自己没有得到发展，也就不能成长得更强健。在这些短暂的接触中，外部世界不可能对他的精神和谐产生影响。儿童就像蜜蜂一样不停地从一朵花飞到另一朵花，却没有找到一朵值得停下来采集花蜜并使他感到满意的花。在他感受到大量的本能活动激发其内心觉醒之前，他是不能工作的，因为正是通过这些本能活动来建构他的性格和心理。

《蒙台梭利儿童教育手册》 中国发展出版社　　2006 年版　 P.18

　　面对儿童如此巨大的内在能量，在我们了解其对人类的重要性后，我们就必须留心观察，寻找合适的途径来帮助他们。

儿童的内在心理能量
被隐藏和被忽视

《童年的教育》　　　　　　　　　　　　　1949 年英文版　 P.31

　　虽然我们的实验限于这一部分早期儿童，但这种现象将是有关儿童心理能量的一种发现，而这些心理能量迄今为止仍被隐藏着。

《童年的教育》　　　　　　　　　　　　　1949 年英文版　 P.33

　　有一种内在力量，其特性倾向于表现它自己，但在普遍的偏见之下被掩藏起来了。有一种童年所特有的心理形式，但从未被清楚地认识到。它实际上是一种"心理形式"，并不仅仅表现为书写爆发的现象。

《有吸收力的心理》　　　　　　　　　　　1958 年英文版　 P.3

　　从人类在地球上生活之时起，儿童的这些心理能量一直是受到压抑和被忽视的。直到今天，人们开始直觉地意识到这些心理能量的存在。……我们已开始认识到这些尚未采集的果实的价值。它们比金子还要珍贵，因为它们是人类自己的精神财富。

《童年的教育》　　　　　　　　**1949 年英文版**　**P. 42**

从最远古的时代起，在儿童心里产生的一种障碍甚至超过成人心里的障碍。无论是从智力观点来看，还是从道德观点来看，儿童的内在能量从未被认识到。

成人的异常
可以追溯到童年时期

《有吸收力的心理》　　　　　　**1958 年英文版**　**P. 157**

六岁以前是一个决定性阶段。无论儿童在这一阶段形成怎样的能力，都将在他的一生中被永久保存下来。他走路和做事的方式成为他人格中永恒不变的特征……

《童年的秘密》　　　　　　　　**1939 年英文版**　**P. 49**

在生命开始时的毫厘之差会导致以后生命中的天壤之别，人并不是在正常的状态下成长发展和达到成熟。

《有吸收力的心理》　　　　　1958 年英文版　P.116

在成人中发现的另一种异常表现形式就是莫名的恐惧和"抽搐"。这些异常表现的大部分也可以追溯到对幼儿敏感性实施的极端暴力行为。

《童年的秘密》　　　　　1939 年英文版　P.239

如果最折磨成人身体、心理和神经的疾病确实可以追溯到童年时期的话，那么，我们就可以在儿童的生活中发现它们的最初征兆，以及一步一步成为这些疾病的迹象和原因。

《有吸收力的心理》　　　　　1958 年英文版　P.157—158

无论多么高层次的教育，都不能消除在幼儿时期形成的东西。因此，我们能够看到社会教育在这一年龄阶段的重要性。在这一年龄阶段，仍然有机会纠正在人生的最早三年里由于遇到某些障碍而造成的人格偏差，因为这是自然完善其工作的时间。……换句话说，文化能够改变人自身，恰如它能够改变自然界给人提供的环境。所以，人类被赋予了一些不可思议的神秘力量。

第六编

为儿童发展提供
一个适宜环境

环境成为
整个教育体系的中心

———

《童年的秘密》 1939 年英文版 P.71

我们自己的经验肯定不会让我们忽视儿童的环境对他的智力发展的重要性。众所周知，我们的教育体系特别注重儿童的环境，并使环境成为整个教育体系的中心。

《为了新世界的教育》 1946 年英文版 P.34

教育的第一个任务就是提供一个环境，在这个环境中将允许儿童和帮助儿童发展自然赋予他的那些功能。这不是一个仅仅让儿童高兴的问题，而是一个与自然合作的问题。

《童年的秘密》 1939 年英文版 P.176

在讨论教育发展之前，必须创造一个适宜的环境条件，这个环境条件将有助于儿童的那些正常的和隐藏的特征的展现。要实现这一目的，在儿童的环境中消除障碍就够了，这是教育的出发点和基础。

《家庭中的儿童》 中国发展出版社 2012 年版 P.7

任何一种教育制度的推广，必须先从建立一个能够保护儿童免受成人世界里的种种困难和障碍的环境做起。这个环境要像风暴中的庇护所，像沙漠中的绿洲，像精神休憩的港湾，时刻确保儿童健康正常地发展。

《童年的秘密》　　　　　　　　　　1939 年英文版　P.129

在儿童发展到成人的整个时期，需给儿童提供必不可少的帮助，这意味着环境是十分重要的。在儿童的发展过程中，环境必须适合于儿童的成长，尽可能使障碍物减到最少；环境必须为儿童能力的自由发展提供空间，为儿童的活动开展提供必要的条件。

《教育与和平》 中国发展出版社　　　　2017 年版　P.124

教育工作兼有两个目标：一是创造一个适合儿童发展的环境，二是为成人树立一种如何面对儿童的崭新态度。

《童年的秘密》　　　　　　　　　　1939 年英文版　P.50

对实体化过程中乃至新生儿中的心理现象，成人肯定不能再处于一无所知的状态。他必须跟随儿童的早期发展，并给予儿童激励。……提供婴儿心理发展所需要的东西。总之，成人必须为精神胚胎提供一种适宜的环境，就像母亲的子宫为生理胚胎提供一种适宜的环境一样。

《为了新世界的教育》"导言"　1946 年英文版　P.3

科学的观察已表明，教育并不是教师教过的那些知识，而是一个个体自发形成的自然过程。教育不是通过听别人说话，而是通过环境中的经验获得的。

《为了新世界的教育》　1946 年英文版　P.71

仅仅通过模仿或强迫服从，将什么也不可能获得，必须进行内在的准备以使服从成为可能，但这样的准备是间接的。这十分清楚地指出了为儿童提供一个准备好的环境的必要性，以及心灵能够发展其力量的自由。

《童年的秘密》　1939 年英文版　P.233—234

谈论教育中的儿童自由时，通过想象去假设儿童不受成人的约束，却没有为儿童提供一个能使他独立的环境，这是荒谬的错误。这个环境的准备是教育科学的一部分，就像儿童食物的准备是保健科学的一部分一样。现今，心理环境的准备被看作新教育的一个基础，其基本原则已由儿童自己十分清楚地描绘出来了，并成为能够付诸实践的现实。

《有吸收力的心理》　1958 年英文版　P.78

对于儿童教育来说，其首要事情是给儿童提供一个能使大自然赋予他的力量得到发展的环境。这并不是指只要取悦儿童和只让他做自己喜欢做的事情，而是指我们必须调整自己的心态，与大自然一起齐心协力地工作，遵循自然的法则，即发展来源于环境经验的法则。

《童年的秘密》   **1939 年英文版**　P.256

为了儿童，为了人的精神胚胎，我们必须构筑一个能提供保护和充满活力的环境。现在，仅仅使儿童得到与他的身体相称并被指定用于锻炼他的建造能力的某些工具，那是不够的。

环境影响
儿童生命的发展

《科学的幼儿教育方法》   **1912 年英文版**　P.105—106

环境可以改变，因为它既能促进生命的发展，又能阻碍生命的发展，但它决不能创造生命。……环境对个体生命的作用越大，这种个体生命可能就越活跃、越强大。但是，环境的作用具有两种相反的意义，即促进生命和抑制生命。

《童年的秘密》   **1939 年英文版**　P.128—129

要帮助一个儿童，就必须给他提供一个能够使他自己工作并自由地表现他自己的环境。儿童正处在一个创造和发展的时期，为他敞开大门就足够了。事实上，儿童正在创造，也就是说，正处在从无到有、从潜在性到现实性的过程之中。……因此，通过准备一个自由的环境，一个适宜生命发展的环境，儿童的心理就能自然地得到发展和表现，由此他的秘密也就自主地展现出来。如果没有这一条原则，那么，所有的教育努力都会越来越深地陷入一种无法摆脱的混乱之中。

《有吸收力的心理》 **1958 年英文版** **P.193**

当我第一次指出以这种方式建立一个专门适应幼儿需要的环境有着重要价值时，这一观念引起了建筑师、艺术家和心理学家们的极大兴趣，其中有些人与我开展合作，并对教室的理想面积和高度以及学校里有利于儿童专心致志的适宜装饰进行了讨论。这样的一种建筑具有更多的保护作用，几乎可以称为"心理建筑"。

《童年的秘密》 **1939 年英文版** **P.67**

当儿童的环境阻碍他的创造性征服的正常演进时，……儿童变得极为焦虑不安、发脾气，还可能呈现出疾病的征兆。如果这些不利的情况持续下去，那就有可能阻止所有治愈这种疾病的尝试。然而，一旦障碍排除了，儿童的脾气和疾病也就消失了，这明显地表明了产生这种反常现象的原因。

《有吸收力的心理》 **1958 年英文版** **P.178**

当具有吸引力的新环境呈现出其魅力并为建构性活动提供

动机时，所有这些能力就结合起来了，那些偏离就会消失。于是，一个独特类型的儿童——一个"新儿童"就出现了。但实际上，这就是儿童被允许正常地建构自身的真正人格。

《童年的秘密》　　　　　　　　　　**1939 年英文版**　P. 146

　　了解这种新颖的环境能使这些儿童产生如此惊人的转变；更确切地说，了解新儿童的心灵闪耀着这样的光辉并使其光芒照亮整个世界，那是令人感兴趣的。这些环境必须很适宜儿童，没有压抑儿童心理发展的障碍，能够促使儿童心灵的解放。

《有吸收力的心理》　　　　　　　　**1958 年英文版**　P. 149

　　我们的努力首先是给儿童提供适宜的生活条件，在这种生活条件下不存在影响儿童发展的障碍，并让儿童自由选择我们提供的各种活动手段。因此，确实可以说，我们进行的工作是儿童心理学的一个发现。

《童年的秘密》　　　　　　　　　　**1939 年英文版**　P. 205—206

　　一个有活力的儿童给人们的印象是：他作为一种生物，必须生活在一个适宜的环境中，即一个他能够实现自我的环境中。如果儿童没有这种活动的环境，那他的一切都是脆弱的、偏离的和封闭的。他会变成一个难以理解和不可思议的人，表现出空虚、无能、任性、令人讨厌和脱离社会。

《童年的秘密》　　1939 年英文版　P.255

　　像肉体胚胎一样，精神胚胎需要一种充满生气的环境，并能在这种环境中得到发展。这意味着，仅仅把儿童放在与他的身体和力量相称的环境中是不够的。帮助儿童的成人还必须学会如何做。

《童年的教育》　　1949 年英文版　P.44—45

　　只有在提供使儿童所关注的自由时，他自己才会表现出有秩序。为了提供这种自由，十分必要的是，在一个有准备的环境中对儿童自发的建构活动要没有干涉和妨碍，因而他的发展需要才能够得到满足。

《童年的秘密》　　1939 年英文版　P.127

　　对儿童来说，成人的环境不是一种适宜他生活的环境。更确切地说，它有一群障碍物，导致儿童不得不进行防御，甚至为了尽力去适应它而扭曲自己，否则就会成为成人暗示的牺牲品。

《童年的秘密》　　1939 年英文版　P.222—223

　　我们发现，在这种儿童身边有一些他十分依附的成人，而成人完全支配了他。只有一种方式可以治愈这种儿童，那就是，让他远离压抑他的人，并给他提供一个在心理上是自由的和有活力的环境。只有这样，他才能摆脱使他精神扭曲的依附。

《有吸收力的心理》 1958 年英文版 P.86

过分夸大环境的价值和重要性，恰如过分夸大其包含的危险一样。因此，我们必须关注新生儿周围的环境条件，使他不会产生反感情绪和出现回归倾向，而感到他所进入的新世界是有吸引力的。这将有助于他完成从环境中进行吸收的重要任务，他的进步、成长和发展都依赖于这种吸收。

《科学的幼儿教育方法》 1912 年英文版 P.64

因为一个人并不仅仅是一个生物，还是一个社会产物。在教育过程中，个人的社会环境就是家。科学的教育学如果不能成功地影响新的一代正处于的成长的环境，那它试图使新的一代更加美好将是徒劳的!

《有吸收力的心理》 1958 年英文版 P.243

注意儿童的环境是教师的第一个职责，也是她的最重要的职责。虽然环境对儿童的影响是间接的，但是，如果教师不特别注意环境的话，就不会对儿童的身体、智力和精神产生持久影响。

《为了新世界的教育》 1946 年英文版 P.87

作为环境的护卫者和看护者，教师集中关注环境这一方面，而不是关注那些问题儿童的困难，她知道解决困难的方法将来自环境本身。环境对儿童有吸引力，将使儿童的意志更加坚强。

儿童在环境中
敞开自己的心灵之门

《有吸收力的心理》　　　　　　　　**1958 年英文版**　P.148

　　如果我们让儿童在我们所提供的这种新环境中获得自由，那他的本性和能力将会给我们留下一种令人完全意想不到的印象。他看起来更为快乐，并对其能够进行的工作具有很大的兴趣，以至于长时间地不知疲倦地工作。其结果是，他看起来更加敞开自己的心灵之门，变得对知识更加渴望。

《童年的秘密》　　　　　　　　　　**1939 年英文版**　P.104

　　我们要为儿童准备一个适宜的环境，使他可以更好地展现自己。……有时候，年幼儿童在工作中展现的一种早熟的运动技能和精确性，会使我们赞叹不已。如果成人专门为儿童准备一个环境，那么，他们将在这个儿童世界中起着复杂的社会作用。

《有吸收力的心理》　　　　　　　　**1958 年英文版**　P.89

　　儿童从其周围生活中进行吸收，并将其变成自己生命的一部分。儿童的印象是如此的深刻，发生了一种生物学或心理－化学反应，结果是他的心理与环境本身融为一体。

《童年的秘密》   1939 年英文版   P.84

　　没有一个人能够完全阻止儿童去看、去听，换句话说，阻止他用感知的方式去征服他的世界。认识到儿童具有强烈的心理活动的成人，准备使儿童的环境条件更加合理，以促进他安静地从外界环境中进行吸收。

《有吸收力的心理》   1958 年英文版   P.58

　　教育之所以能够对儿童产生巨大的影响，是因为环境是它的手段，因为儿童能够从环境中吸收一切，并在他自己身上显现出来。带着发展的无限可能性，儿童能够很好地成为人类的改造者，就像他是人类的创造者一样。儿童给我们带来了崇高的希望和新的愿景。

《有吸收力的心理》   1958 年英文版   P.191

　　当儿童如此强烈地被其环境吸引时，我们几乎可以说他"爱上了"自己的环境。这种对环境的爱使得儿童极其小心地对待环境，并极其精心地处理环境中的一切。

《童年的秘密》   1939 年英文版   P.118—119

　　在整个敏感期，儿童自己与一些事物联系起来的那种不可抗拒的冲动，实际上就是一种对他的环境的爱。……事实上，爱使得儿童能够以一种细致的、热情的方式去观察他环境中的那些东西，而那些东西往往是为我们成人所忽视的。爱的特点是什么呢？那就是，能使儿童对他人不注意的事物产生兴趣，并能揭示他人尚未认识到的事物的细节和专门特征。

《有吸收力的心理》　1958 年英文版　P.53—54

儿童在与其环境的关系上是与我们不同的。成人羡慕他们自己的环境，能够记住和思考这个环境，但儿童是吸收这个环境。儿童所看到的东西并不恰恰是自己记住的东西，而是使这些东西成为自己心灵的一部分。他能够将自己在周围世界中看到的、听到的一切具体化。……这种极为重要的记忆力并不是有意识记忆，却把映象吸收到个体生命之中。英国教育家沛西·能爵士给予了这种记忆力一个专门名称——"记忆基质"。

《有吸收力的心理》　1958 年英文版　P.81

环境必须不要有太大的阻碍，因而环境中可以避免的障碍已越来越少，也许被完全消除了。……儿童周围的一切应该尽可能地安排得有吸引力。之所以这样做，其目的在于激起儿童的热情和喜爱，以克服冷漠和厌恶。我们还应该给儿童提供许多令人愉悦的活动，因为成长发展是由活动引起的。从激发儿童的动机出发，环境必须是丰富多彩的，以使儿童对活动产生兴趣，并形成他自己的经验。

《有吸收力的心理》　1958 年英文版　P.68

儿童的环境对一个正在成长发展的人原本应该是有吸引力

的，却没有什么吸引力，似乎是使他感到反感的——如果儿童从幼儿早期就对其发展所依赖的环境感到反感，这必然会阻碍他的正常发展。……对他来说，吸收始终是困难的、从未完成的。

《为了新世界的教育》   1946 年英文版   P.28

　　成人能够欣赏并记住一个环境，但儿童能够潜意识地从这个环境中进行吸收，并构成自己心理的一部分。因此，儿童把自己所看到的、所听到的事情实体化，比如语言，以开始真正的变化。这种记忆被心理学家们称为"记忆基质"，其任务是为个体建构一种行为，不仅适合于它的时间和地点，而且也在心理上适合于它的社会。

《为了新世界的教育》   1946 年英文版   P.37

　　儿童是没有限制的，他在整个环境中接受印象，并在他自己的心理中吸纳印象。他需要世界——他周围的一切——去形成他对世界的适应能力。

《有吸收力的心理》   1958 年英文版   P.5

　　所有儿童天生都具有一种"吸收"文化的能力。如果这是确实的（我们那时还在争论），如果文化能够毫不费力地获得，那么，让我们给儿童提供其他一些文化要素。于是，我们发现儿童的"吸收"远远超出阅读和书写，他们还"吸收"植物学、动物学、数学和地理——同样是自发地、毫不疲倦地"吸收"。

《有吸收力的心理》　　　　　　　　　　1958 年英文版　**P.85**

　　如果我们应该做的事情是为人的心理生活提供帮助，那我们必须学习的第一课，就是认识到幼儿的有吸收力的心理可以从其环境中发现所有的营养。儿童本身的存在及成长发展必定依赖于其从环境中所摄入的营养。所以，尤其在人的生命开始之时，我们必须尽可能地使其环境十分有趣、富有吸引力。

使儿童
接触现实生活

《有吸收力的心理》　　　　　　　　　　1958 年英文版　**P.94**

　　儿童……成为被关在一个监禁场所的囚犯，除了他的能力练习受到阻碍外，没有给他提供任何东西。唯一的补救方法就是，把他从孤独的隔离状态中解放出来，并让他参与社会生活。

《童年的秘密》　　　　　　　　　　1939 年英文版　**P.217**

　　使儿童接触现实生活，并使他体验和理解环境中的任何东西，都将有助于他摆脱这种困扰的恐惧心态。

《有吸收力的心理》   **1958 年英文版** P. 90

　　婴儿的自然环境实际上就是我们生活的世界，就是他周围的一切事物。如果要学习一种语言，那他必须与说这种语言的人生活在一起，否则他就不能说这种语言。如果他要获得特殊的心理能力，那他就必须与不断使用这些心理能力的人生活在一起。

《童年的教育》   **1949 年英文版** P. 93

　　如果儿童从一出生时就依靠其环境来创造他的个性，那就必须让他与世界接触，与人类的外界生活接触。他必须参与成人的生活，或者最好与成人的生活接触。……这是一个多么奇怪和令人印象深刻的结论啊！

《为了新世界的教育》   **1946 年英文版** P. 31

　　人类儿童的心智应该参与并理解正在发展的现实生活，从中既可以回溯数千年的文明，又可以延伸到遥远的未来。这个现实生活是没有限度的，既不在于过去，也不在于将来，从来就不是相同的，而是每时每刻都在变化的。

《有吸收力的心理》   **1958 年英文版** P. 154

　　如果通过某些儿童自己可以动手做的真实事情来锻炼这种强大的力量，那人们就能够有理由假设他得到了很大的帮助，因为此时他的心理已与外部世界有了接触。

《有吸收力的心理》 　　　　　　　　　　　1958 年英文版 P.83

　　如果我们让一个儿童在与世隔绝和远离人烟的地方生长，除物质食粮外，其他什么也不给他提供，那么，他的身体发展将是正常的，但他的心理发展将会受到严重的损害。

儿童逐渐适应环境
是一个重要问题

《有吸收力的心理》 　　　　　　　　　　　1958 年英文版 P.184

　　人对周围世界的这种适应能力是在人生的头六年里出现的。那么，在这里我们可以找到性格的起源。可见，逐渐适应环境是一个多么重要的问题！

《童年的教育》 　　　　　　　　　　　1949 年英文版 P.91

　　人必须使他自己适应环境中的各种条件和状况，决不能让他困守在自己的习惯之中，因为他在文明历史的长河中不断地进化。所以，他必须有一种迅速行动的"适应能力"，以取代心灵里的遗传因素。……一旦成人身上的种族特征形成了，他的适应能力就很难起作用了。

《童年的秘密》   1939 年英文版 P.233

儿童成长和发展的基础，在于不断地使儿童和环境之间的关系变得更加密切。对于儿童个性的发展，即所谓的儿童自由来说，只有使儿童逐渐从成人中独立出来，否则那是不可能的。同时，儿童需要在一个适宜的环境中，找到发展自身功能所必需的工具。

《有吸收力的心理》   1958 年英文版 P.91

对我们所有人来说，最必要的是，相信儿童在他自己身上构建一种对其环境的必需的适应，所以，他必须全面而完整地与环境进行接触。因为如果儿童不能与环境进行接触，我们就会发现自己面临着一些十分严重的社会问题。

《童年的秘密》   1939 年英文版 P.205

通过儿童对环境的爱而提供的这种动力，驱使他不断地活动。这是一种永不熄灭的火焰，就像空气中的氧气为人提供必需的能量，以维持他的自然生命一样。

《童年的教育》   1949 年英文版 P.92

儿童把他在周围发现的一切深深烙印在自己生活的环境中，并把自己构建成为一个能适应这种环境的人。为了实现这一功能，儿童度过了精神胚胎形成的最初阶段，而这种阶段只有人类才有。在这个时期，儿童以一种隐秘的方式生活，展现出的是一个没有什么知识和活动能力的人。

《童年的秘密》　　　　　　　　　**1939 年英文版**　P.255

　　儿童的周围必须有一个生气勃勃的而不是死气沉沉的环境。他不仅需要一个自己能支配和享有欢乐的环境，而且需要一个帮助他去展现自己功能的环境。显然，这必须是一个提供各种活动的环境，受一种更高的智慧的指导，并由一个准备承担他自己使命的成人来安排。在这一方面，我们的观念既不是要成人为儿童做所有的事情，也不是要成人在一种被动的环境中让儿童放任自流。

《有吸收力的心理》　　　　　　　**1958 年英文版**　P.62

　　儿童在诞生后就应该使他自己的生活和他的社会群体的所有实践活动结合起来。这并不是他一诞生就有的，而应该从外部世界中进行吸收。幼儿的首要任务就是完成这种适应工作，以替代在动物胚胎中表现出的遗传的"行为方式"。

成人是儿童
环境的一部分

〜〜〜

《童年的教育》   **1949 年英文版** `P.52`

　　成人构成了环境的一部分，事实上他通过所谓帮助这一自然过程来进行干预。……在儿童和他的环境之间存在着一种直接的交流，但从根本上讲，此时充当中间人的成人却带着自己的兴趣和动机阻碍了这种直接交流。

《童年的秘密》   **1939 年英文版** `P.119`

　　在儿童的环境中，成人是爱的一个特殊目标。从成人那里，儿童不仅得到他所需要的物质和帮助，而且得到很多的爱。这对他的自我发展是必要的。对儿童来说，成人是可尊敬的人。成人的嘴就好像一个精神的喷泉，儿童从那里汲取他必须学会说的那些话语，并将其作为自己的指导。对于儿童来说，成人的话语是神奇的刺激，给人一种激发精神的印象。

《童年的秘密》   **1939 年英文版** `P.129`

　　由于成人自己也是儿童环境的一部分，因此，他必须使自己适应儿童的需要，而不要成为儿童发展的障碍，也不要代替儿童去进行其成长发展所必需的活动。

《为了新世界的教育》　　　　　**1946 年英文版**　P.87

　　作为环境的一部分，教师必须使她自己富有吸引力，最好是年轻漂亮的，衣着高雅，整洁芳香，快乐端庄。这是理想的教师，但并不总是能够完美地达到，然而，在儿童面前表现自己的教师应该记住：儿童是伟大的人，应该理解和尊重他们。

第七编

儿童敏感性和
敏感期的重要性

儿童具有
独特的内在敏感性

《童年的秘密》　　　　　　　　　　　　1939 年英文版　P.71—72

与以前的教育体系相比，我们更多地和更系统地注重儿童的感觉活动。但是，在那种认为儿童仅仅是一个被动的人的旧观念和现实的做法之间，存在着细微的差别。这种差别就在于儿童的内在敏感性的存在。儿童具有一个时间较长的敏感期，几乎持续到五岁，使他具有一种真正惊人的能力，从而从环境中吸收印象。

《童年的教育》　　　　　　　　　　　　1949 年英文版　P.84

在精神胚胎中，存在着起指导作用的敏感性。……受到创造性力量的引导，幼儿不仅得到了内在的发展，而且这些内在发展在其外部特征显现出来前已达到成熟的阶段。当这些内在发展最终显现出来时，就构成了人的个体特征。

《教育与和平》　中国发展出版社　　　　2017 年版　P.50

人类的儿童都是精神胚胎，他们拥有着神秘的敏感性，这种敏感性同创造性的能量一起引导着儿童在其心灵深处构筑了不可思议的"仪器"。如同收音机能接收到空气中传播的长波与短波，儿童在心灵之中从容构筑的"仪器"接收来自永恒的无限空间的神圣之爱。正是这种敏感性，使人类变得独一无二。

《童年的秘密》   1939 年英文版   P.111

儿童对暗示的感受是他的一种建构的心理功能的扩张，也就是一种独特的内在敏感性，可以称为"对环境的爱"。儿童总是渴望去观察事物并被它们吸引，但他首先被成人的行动吸引，其目的是了解和模仿。

《有吸收力的心理》   1958 年英文版   P.44

对于儿童来说，在这些感受性中，任何一种感受性都不能占据整个发展时期。每一种感受性都会为了一种心理器官的构建而尽可能延续。一旦这种心理器官形成了，这种感受性也就消失了。但是，当这种感受性还在延续的时候，它会使我们感受到一种正在涌出的难以置信的能量。

《有吸收力的心理》   1958 年英文版   P.71—72

人所具有的是创造敏感性，而不是遗传的行为习惯模式。如果这归因于对环境的适应，那个体的整个心理生活显然依赖于儿童在幼儿时期打下的基础。

敏感性使儿童
去感受外部世界

《有吸收力的心理》　　　　　　　1958 年英文版　P.54

儿童身上存在着一种特殊的敏感性，正是这种敏感性使他去吸收周围的一切，正是这种能够独自进行观察和吸收的工作使他适应生活。他只是借助童年时期存在的无意识力量去进行这项工作。

《有吸收力的心理》　　　　　　　1958 年英文版　P.87

儿童的心理是活跃的，正在吸收通过其感官而获得的印象。……他一点也不是消极被动的。毫无疑问，在吸收各种印象时，他是其世界的一个积极活跃的探寻者。他自己正在寻找着各种印象。

《童年的秘密》　　　　　　　　　1939 年英文版　P.70

我们找到自己在世界上的生活方式，那是因为儿童给予了我们能够这样做的能力。我们之所以能够使自己去感受这个世界，那是因为儿童为我们准备了这样的敏感性。我们之所以是富有的，那是因为我们是儿童的继承人，儿童为我们开始时一无所有的生活奠定了全部基础。从一无所有的第一步开始，儿童就作出了巨大的努力。儿童是为了接近生命之源而行动的，因为这是在创造的阶段发生的。

《有吸收力的心理》　　　　　　　1958 年英文版　P.88

　　儿童受到了特殊的恩惠。他的感官虽然也有一种引导，但并不像动物的感官那样受到限制。猫受限于环境中某些移动物体，被这些移动物体吸引。然而，儿童并没有这样的限制。他对视野中的一切事物进行观察，经验表明他平等地吸收一切事物。进而说，他并不仅仅通过眼睛这一机械照相机手段进行吸收，而是在自己身上产生了一种心理－化学反应，因而这些印象成为其个性的一个组成部分。

《为了新世界的教育》　　　　　1946 年英文版　P.21

　　每一种能力的发展都围绕着一种兴趣，因而是如此的敏感，其吸引儿童趋于一种确定的行动。在任何情况下，当器官形成之后，敏感性也就消失了；当所有的器官都已准备好的时候，它们就结合起来而形成心理实体。显然，人们若没有有关那些敏感期以及它们出现顺序的知识，那就不能理解儿童心理的形成。

《有吸收力的心理》　　　　　　　1958 年英文版　P.20

　　儿童的发展是从他对周围环境的认识开始的。那他是如何从环境中进行吸收的呢？他只是借助于我们现已知道其所具有的那些特性中的一种去吸收的。这就是强烈而又奇特的敏感性。正是由于这种敏感性，儿童周围的事物激起他如此大的兴趣和如此高的热情，以致周围的事物与他的生命结合了起来。儿童并不是依靠心理，而是依靠生命本身去吸收这些印象的。

《童年的秘密》　1939 年英文版 P.253—254

　　儿童是在奇妙的敏感性的推动下得到成长发展的，并带有爱的智慧。这激励他不屈不挠地趋于外部世界，使他把所获得的事物印象作为一种精神乳汁。他必须吮吸这种精神乳汁，以滋养他的内在生命。这就是为什么儿童的心理表现形式会是热情的冲动、细致的努力和持续的耐心。

《为了新世界的教育》　1946 年英文版 P.46

　　这些精神抑制的发生源于儿童的敏感性，正如他对帮助自己表达的东西表现出敏感，但同样也对自己遇到的过于强大的障碍表现出敏感，而且这种对障碍的敏感性将在他生命的其他时期作为一种缺陷而终生相伴。

《有吸收力的心理》　1958 年英文版 P.115

　　这些退化形式是与儿童的敏感性相关的。……其结果是，对他以后的生命来说，这种受到阻碍的创造性就会以一种缺陷的形式被固定下来。因此，我们必须始终记住，儿童的敏感性比我们所能想象的任何东西更为重要。

《蒙台梭利儿童教育手册》 中国发展出版社 2006 年版 P.29—30

儿童最让人不可思议的地方，就是他具有异常敏锐的观察力。我们想象不到儿童可以观察到的事物，他都看到了。……儿童有很强的观察力，可以吸收许多的影像，不仅是事物的影像，还包括动作的影像。儿童所吸收的除了事物的影像之外，还有事物之间的关系。

《有吸收力的心理》 1958 年英文版 P.238

尤其在儿童诞生后的最初几年里，他具有一种作为精神需求的内在敏感性。……这种敏感性是在自由选择的灵敏行为中展现自己，但一位没有受过训练的教师实际上会在观察儿童选择之前就践踏它，几乎就如一头象践踏道路两旁含苞欲放的花朵一样。

敏感期是一个
最重要的和最神秘的时期

《童年的秘密》 1939 年英文版 P.55

那些周期性的敏感性恰恰会在生物的发展过程中出现，我们称这个发展阶段为"敏感期"。这样的敏感期是一个最重要的、最神秘的时期。

《童年的秘密》 　　　　　　　　　　　　**1939 年英文版** P.43

　　儿童在敏感期里会有很多收获，并使他以一种特别强烈的方式与外部世界发生联系。于是，一切都是容易的，一切都是充满渴望和活力的，每一次努力都是力量的增加。当一些心理激情耗竭时，另一些心理激情又被激起。所以，幼儿以一种持续的生气勃勃的节律，从一种征服到另一种征服，我们称为儿童的"欢乐"和"天真"。正是通过这种纯洁的心灵，火焰不断地燃烧着而没有被浪费，人也就开始了创造自己的心理世界的工作。

《童年的秘密》 　　　　　　　　　　　　**1939 年英文版** P.66—67

　　人的心理不是凭空而来的，而是儿童在敏感期打下的基础上发展起来的。……敏感期是与心理活动有关的。刺激和反应的心理活动为意识的产生方式作好了准备。它们是能量从不存在到存在的基本要素，而这些基本要素建构了儿童的心理世界。因此，大自然为儿童的心理发展提供了潜在的可能性和未来发展所需的有意识经验。

《为了新世界的教育》 　　　　　　　　　　**1946 年英文版** P.6

　　所有这一切都归因于那个独特的敏感期。在敏感期，处于这个年龄阶段的儿童的心理就像柔软的蜡一样，容易接收外界的印象，这在以后的阶段是不能做到的，因为到那时，这种专门的适应性已经消失了。

《童年的秘密》   1939 年英文版 `P.72—73`

儿童开始时是一无所有的，他是依靠自己的力量向前发展的。让我们直奔主题吧。这就是儿童的理性，敏感期就是围绕着它而内在工作的。这种理性必须被看作一种自然的和创造的能力，像一个有生命的东西逐渐地发芽和生长，依靠从环境中吸收的印象来获得具体的形式。

《童年的秘密》   1939 年英文版 `P.50`

"敏感期"这一观念带来了一种对待婴儿的新方式，但在此之前，婴儿仅仅被看作一个幼小的植物性躯体，除了迫切需要身体上的照料外，其他一概都不需要。

《童年的教育》   1949 年英文版 `P.120`

合适的时机能使口头语处于自发地自我完善的过程之中。这是大自然因这个目的而为儿童安排的"敏感的心理时期"。

《童年的秘密》   1939 年英文版 `P.233`

在真正的儿童天性得到展现之前，支配儿童心理活动形成的那些规律是完全未知的。现今，这种与人的形成直接有关的敏感期研究，可以成为对人类具有最重要的实际价值的科学之一。

敏感期是与
敏感性相一致的

《童年的秘密》　　　　　　　　　**1939 年英文版**　P.41

　　这些敏感期是与某些特殊的敏感性相一致的，这些敏感性可以在生物的发展过程中被发现。它们是暂时的，目的是获得一种明确的特性。一旦获得这种特性后，相关的敏感性也就消失了。因此，每一种特性都是借助一种刺激而获得的，一种短暂的敏感性只能在一个特定的发展时期出现，也就是说，在相关的敏感期出现。

《童年的秘密》　　　　　　　　　**1939 年英文版**　P.251—252

　　在这些敏感期中，敏感性是这一特定发展阶段的特征，后来它才会消失。"敏感性"这个词意指一种专门的、敏锐的能力，即一种活动的能力。作为一个特定发展阶段的特征，这种能力也是短暂的，所以，对于那些似乎不再具有这种能力的人来说，它必定是令人惊讶的。事实上，我们可以说，由一个处在进化过程中的生物得到的每一种收获都有可能在敏感期里实现……

《童年的教育》　　　　　　　　　**1949 年英文版**　P.85

　　幼儿处在一种无意识的心理状态，但这种心理状态是具有创造性的。我们称为"有吸收力的心理"。这种"有吸收力的心理"并非自发形成的，而是根据"内在敏感性"的引导形成的。"内在敏感性"又被称为"敏感期"，只能持续一段时间，也就是说到自然发展实现为止。

《童年的秘密》　　　　　1939 年英文版　P. 253

这样的敏感性是那些短暂性本能发展的结果，从而使我们能够理解连续不断的大自然活动。同样，在对身体外表进行更深入的了解时，我们发现一些器官和组织在其中起着作用，这就对一种有活力的机体的存在提供了一种详细的解释。于是，通过有关心理顺序的现象，我们可以探究在身体外表下的东西，去发现儿童成长发展所依赖的各种活动。确实，儿童的敏感期有时候使他具有一种令人惊讶的力量。

《童年的秘密》　　　　　1939 年英文版　P. 44

内在敏感性决定着儿童从一个复杂的和适宜生长的环境中选择一些必需的东西。……这并不仅仅是强烈渴望发现他自己处在特定的情境中或吸收特定的知识的问题。儿童具有一种能够利用这些东西来使自身成长发展的独特能力，因为他在敏感期中获得了某些心理能力来使自己适应外部环境，从而使他能在生活中运用自己的运动器官，并表现出内在的、灵敏的特点。在儿童和他的环境之间的这些感觉关系中，存在着揭开神秘壁龛的钥匙。在这个壁龛里，精神的胚胎实现了发展的奇迹。

第八编

儿童心理发展与儿童心理畸变

儿童心理
有一种难以探究的秘密

《童年的秘密》　　　　　　　　　**1939 年英文版** `P.19`

儿童的心理是如此深地隐藏着，不会立即表现出来。儿童不受诸如那些动物所具有的既定的主导本能的支配，这正是他有行动自由的标志，这几乎要求每一个个体都应该去创造和发展，因而它是独特的和无法预知的。在儿童的心理中，有着一种难以探究的秘密，随着心理的发展，它才会逐渐展现出来。

《为了新世界的教育》　　　　　　**1946 年英文版** `P.30—31`

在生命的第一个时期，把来自环境的印象固定下来并储存起来，因而它是最活跃的心理活动时期，在环境中吸收一切。在人的生命的第二年，这个心理机体接近于完善，运动开始变得确定起来。以前，人们认为，幼儿没有心理生活；然而现在，我们认识到，儿童在第一年里唯一有活力的部分就是大脑！

《有吸收力的心理》　　　　　　　**1958 年英文版** `P.2`

幼儿生来就具有一种特有的心理天性。这就为教育者指明了一条新的道路。幼儿的心理天性是不寻常的和至今仍未被认识的东西，然而它对人类却会产生极其重要的影响。

《童年的秘密》　　　　　　　　　1939 年英文版　P.37

　　如果个人的实体化就是指儿童的心理发展，那儿童肯定具有一种先于生理活动的心理活动。这种心理活动不仅早就存在了，而且没有任何外部迹象会引起人们的注意。

《为了新世界的教育》　　　　　　　1946 年英文版　P.30

　　在一个正在进化的社会中，人必须首先发展他的心理，而且这种发展必须同环境和变化的条件相一致。所以，自然在预设使新生儿身体保持无活力的同时，骨骼和神经系统两方面都给予心智发展的优先权。如果心理生命在环境中实体化，那心智首先必须观察和研究环境，实际上就是必须从环境中获得大量的印象，恰恰如同生理胚胎从积聚的细胞开始，然后用这些细胞形成它的各种独特器官一般。

《童年的秘密》　　　　　　　　　1939 年英文版　P.127

　　我们必须面对这个最重要的事实：儿童具有一种心理活动，但这种心理活动的微妙表现尚未被察觉，它的发展方式往往可能受到成人潜意识的阻碍和破坏。

《有吸收力的心理》　　　　　　　1958 年英文版　P.43

　　因为心理发展就像身体发展一样，似乎是遵循自然界的相同的创造计划。人的身体始于一个原始生殖细胞，这与其他物种的生殖细胞没有明显的差别，所以，人的心理也从一无所有开始或者从看似一无所有开始。

《有吸收力的心理》　　1958 年英文版　P. 20

如果我们把成人的心理称为"意识心理"，那我们就必须把儿童的心理称为"无意识心理"。但是，这种无意识心理并不必然是低劣的。无意识心理可以是最有才智的。……儿童具有这种无意识类型的智力，这就是他之所以获得惊人发展的原因。

《为了新世界的教育》　　1946 年英文版　P. 17

这些印象不仅深入到儿童的心智，而且形成了儿童的心理。儿童正处于实体化之中，那是因为儿童利用周围环境中的事物而形成了自己的"心理机体"。我们把这种类型的心理称为"有吸收力的心理"。对我们来说，儿童身上的巨大能量是难以想象的。

《有吸收力的心理》　　1958 年英文版　P. 22

儿童吸收知识就要直接进入他的心理生活。……这是一种心理化学在他内部起作用。……然而，儿童经历了一次转换，一些印象不仅进入他的心理，而且形成他的心理。这些印象本身在儿童身上得以具体化。儿童创造了他自己的"心理肌肉"，用于吸收他在周围世界中所发现的东西。我们把这种类型的心理称为"有吸收力的心理"。

《童年的秘密》　　　　　　　　　　　　　**1939 年英文版**　P.97

　　如果我们想评价儿童的心理发展，那么合乎逻辑的做法就是：我们应该根据儿童两种活动形式的最初呈现，即语言的出现和手的活动（对工作的渴望）的出现来作出判断。我们可以把语言的出现和手的活动的出现称为"心理－感悟运动"的两种形式。

《有吸收力的心理》　　　　　　　　　　　**1958 年英文版**　P.23—24

　　儿童心理学对人的生命最初几年的研究给我们呈现出如此的奇迹，以致所有理解儿童的人都深深地为这种奇迹所感叹。我们成人的工作并不在于教授，而在于帮助幼儿的心理在他自己的工作中得到发展。要是我们能够理解儿童的迫切需要，善于明智地对待他，因而使儿童在这一具有吸收力的时期能有更好的发展，那将是多么令人高兴啊！

儿童正常化
是教育改善的基础

《童年的秘密》　　　　　　　　　**1939 年英文版** P.271

因为教育的改善只能建立在儿童正常化的基础之上。实际情况表明，不仅教育问题变得难以解决，而且儿童实际上也失去了自我。更重要的是，这种结果并不是人们所期望的，而是使人们感到不可思议。

《有吸收力的心理》　　　　　　　　　**1958 年英文版** P.180

正常化是通过专心致志于一种工作而发生的。为此，我们必须提供很好地适合于儿童兴趣的活动动机，正是这种兴趣极大地激起了他的注意力。儿童在这方面的成功取决于他对有目的地为其所设计的教具的使用，这也有助于他建立"心理秩序"。

《童年的教育》　　　　　　　　　**1958 年英文版** P.47

"正常的机体功能作用"必须获得一种"健康状态"——这种健康状态的确立，我们称为"正常化"。如果儿童是进步的，那么必要的是，他首先应该使他自己正常化。正像一个患病的人不能依据自己的天赋进行工作一样，除非他首先使自己恢复健康。

在环境的影响下，只有"正常化"儿童能够在他的不断发展中表现出那些令人惊讶的能力。我们把这些能力描述为：自发的纪律，持续而愉悦地工作，帮助和同情他人的社会情感。

所有这些描述不禁使人回想起童年时期的那些特征。它们似乎在描述儿童的有吸收力的心理！这种心理接纳所有的东西，不作评判、不予拒绝、不作反应。它吸收一切，并使它们在正在成长的人身上具体化。儿童承担这种具体化工作，以实现与他人的平等和使自己适应与他们一起生活。儿童忍耐一切。他来到这个世界，无论诞生在什么环境，他都会在那个环境中形成自己，并适应那个环境中的生活。长大之后，他就会在那个环境中幸福地生活。

我们在儿童皈依中注意到这个独特的事实，即皈依是一种心理治疗，使儿童回归到正常的状态。实际上，正常儿童是一个智慧早熟、已学会克制自我、平静地生活以及宁可有序地工作而不愿无所事事的儿童。当我们通过许多实验的结果去看待这个事实时，我们可以更正确地把"皈依"称为一种正常化。

所以，人自身有一种隐藏的本性，即一种被掩藏的和尚未知的天性，然而，这种本性恰恰是人的真正的天性……

儿童心理畸变
产生的原因

《童年的秘密》　　　　　　　　　　　　1939 年英文版　`P.191`

　　幼儿在生命早期不断形成的一些错误将会改变人的自然的心理类型，成为各种心理偏离的一个根源。

《有吸收力的心理》　　　　　　　　　　1958 年英文版　`P.63—65`

　　人的发展的最重要方面就是心理方面。因为人的运动应该根据心理生活的指引和支配而组织起来。……对人来说，首先发展的是心理方面。……如果一个儿童被阻止尽可能快地作好准备以利用其运动力量，那这个儿童的心理发展就会受到阻碍。

《童年的秘密》　　　　　　　　　　　　1939 年英文版　`P.7`

　　儿童纯洁的心理状态遭受如此创伤是缓慢而持续的。但人们从来没有认识到，它们实际上是成人精神病的潜在原因。处于支配地位的成人对儿童自发活动的压制正是造成儿童的纯洁的心理状态遭受创伤的原因，而且往往与对儿童产生最大影响的成人——儿童的母亲有关。

《有吸收力的心理》　　　　　　　　　　1958 年英文版　P.170

在生命的最初两三年里，儿童可能受到将改变他整个未来的影响。如果他在这一阶段受到伤害，或遭受暴力，或遇到一些严重的障碍，那结果就是人格可能产生偏离。随之而来的是，儿童会因遇到的障碍而使性格发展受到阻碍，或者会因促进其性格发展的自由而得到欢乐。

《童年的秘密》　　　　　　　　　　　1939 年英文版　P.201

如果得不到帮助，儿童就会迷途，因为他错误地把自己的器质性软弱和无能当作一种完美状态。这种状态容易使人产生真正的心理疾病。它的起因源于人的生命早期。在这个时期，儿童最容易产生混乱，在发展道路上遇到阻碍就会引起心理畸变，但这些心理畸变最初是难以察觉的。

《有吸收力的心理》　　　　　　　　　　1958 年英文版　P.178

如果外部条件阻碍这种统一的发生，……其结果是，使得各个部分的发展不平衡，并使发展背离其固有的目的。这样，手就会无目的地运动；头脑所思考的东西就会远离现实；语言本身的表达就会没有逻辑性；身体就会笨拙地移动。这些独立的能力找不到任何东西来满足它们自己，因而在儿童成长发展中就会产生无数缺陷和偏离的混合物，并成为冲突和绝望的根源。

《童年的教育》　　　　　　　　　1949 年英文版　P. 98

现代儿童在其生命的最初几年表现出明显的心理异常是由两个原因造成的：一是"心理营养不良"，二是"缺乏心智和自主性活动"。换句话说，现代儿童在至关重要的活力上受到了束缚，而这种活力注定会推动人的心灵发展。这些心理异常是由于指导儿童逐步成长发展的法则受到破坏而引起的。

《有吸收力的心理》　　　　　　　1958 年英文版　P. 174

所有心理紊乱都源自一个简单的原因，那就是，没有为儿童的心理生活提供充分的营养。

《童年的秘密》　　　　　　　　　1939 年英文版　P. 194

儿童所有的心理畸变都源于一个事实，那就是儿童采取有独创性的发展形式遇到了阻碍。……这些心理畸变肯定是源于人的生命的最初时期，人在那时还只是一个精神胚胎。但是，这个唯一的和难以察觉的原因会导致整个人类的心理畸变。

《有吸收力的心理》　　　　　　　1958 年英文版　P. 179

现在需要的仍然是一种全面的理解：如果工作和自由能够治疗儿童成长发展中的缺陷，那就意味着，工作和自由是儿童成长发展的正常需要。事实上，……这些还没有改变的生活环境条件正是他"偏离正常状态"的起因。

《童年的秘密》   1939 年英文版 P.194

　　儿童可能会被某个很微小的东西引入歧途。在成人关爱和帮助的伪装下，在成人毫不察觉的情况下，这种东西产生了作用。但是，它实际上归咎于成人的盲目，成人潜意识的自我中心确实对儿童产生一种恶魔般的影响。

《为了新世界的教育》   1946 年英文版 P.64

　　儿童认真地、有意识地尝试去完善他自己，在所有的生活经验中模仿他的长辈。如果我们不给儿童提供自我完善的机会，那他肯定就会发生心理畸变。

《童年的秘密》   1939 年英文版 P.194—195

　　"实体化"的观念可以作为解释心理畸变的特征的一种指导。所以，我们可以说，一种心理能量必须在运动中得到实体化，这样它才能统一这个正在展现的人格。如果这种统一不能实现的话，无论是由于成人占据了支配地位，还是由于儿童在环境中缺乏动力，心理能量和运动这两种东西都会各自发展，其结果是形成一个人格分裂的人。

《童年的秘密》　　　　　　　　　1939 年英文版　P.47

当外部环境阻碍儿童的正在秘密起作用的内在本能时，它们引起了儿童心理的失调和畸变，其结果将会伴随儿童的一生。如果婴儿不能受他自己的敏感期的指导，那么，他也就失去了一种征服自然的机会，而且永远失去了这种机会。

《有吸收力的心理》　　　　　　　1958 年英文版　P.12

通过提供适当的关爱和帮助，这个儿童在身体上可以成长得更加健壮，在心理上获得更好的平衡和形成更有活力的性格。……有一些事情比纯粹的生理卫生更需要得到关注。就像防止儿童的身体受到损害一样，我们需要心理卫生以防止儿童的心理和心灵受到伤害。

儿童心理畸变的
各种现象

《童年的秘密》　　　　　　　　　1939 年英文版　P.197—198

这些儿童的心理已经发生了畸变。人们认为，一种巨大的创造性智慧使他们不能致力于实际事务。然而，事实清楚地表明，一个已经发生心理畸变的儿童最明显的标志就是智力降低，因为他不能控制自己的心理，也不能引导自己的心理得到充分的发展。这种情况的发生，不仅使他的心理逃避到一个幻想世界之中，而且使他在其他很多情况下表现恰恰相反，智力或多或少受到压抑，信心也丧失了——取而代之的是逃避到封闭的自我之中。

《为了新世界的教育》   1946 年英文版 P.75—76

所有这些偏离正常的心理畸变现象，几乎立即进入大多数人有点含糊地称为"性格"的领域。这些心理畸变儿童被分为两种类型：一种类型是克服障碍的身体强壮的儿童；另一种类型是屈服于障碍的身体虚弱的儿童。身体强壮的儿童表现为：容易发怒，有反抗和破坏的行为，有占有物品和自私自利的渴望，注意力不集中，以及心智和想象的紊乱。他们经常大声喊叫和喧闹，喜欢戏弄别人和虐待动物。他们还常常是贪吃的。身体虚弱的儿童表现为：被动消极，诸如懒散、迟钝，为要物品而哭喊，以及想使每一样物品都归他们使用。他们害怕任何奇异的东西，并依附于成人。他们总是想娱乐，但很快就厌烦和疲倦。他们有说谎和偷东西的坏习惯，但这是他们基本的自我防卫方式。

《有吸收力的心理》   1958 年英文版 P.113

虽然压抑广泛出现在人类活动的各个领域中，但说话能力就提供了难以计数的例子。……在某些情况下，正常的爆发并没有在适当的年龄发生。……这种现象被称为"心理失语症"，因为它完全是由心理原因引起的。这是一种心理病态的影响。

《童年的秘密》　　　　　　　　　　　**1939 年英文版** P.203—204

　　某些顺从的儿童的心理能量太弱，不足以抵制成人的影响。所以，这样的儿童依附于一个成人，即一个用他自己的活动来替代儿童活动的人。他们变得非常依赖于成人。……他们求助于他人，求助于成人，因为他们自身并不能摆脱厌烦的压抑。他们依附其他人，似乎他们的生命是依赖于这些人的。他们请求成人帮助自己，请求成人与他们一起玩耍、给他们讲故事、给他们唱歌，而且央求成人不离开他们。与这样的儿童在一起，成人变成了奴隶。

《有吸收力的心理》　　　　　　　　　　**1958 年英文版** P.233

　　可以肯定的是，脱离现实的漫游心理不可能得到健康的正常发展。在幻想世界中，尽管儿童的想法天马行空，但并没有对错误的控制，也没有协调合作的思想。它既不可能关注真实事物，也不可能考虑未来的应用。

《童年的秘密》　　　　　　　　　　　**1939 年英文版** P.206

　　几乎所有的道德偏离都是在爱和占有之间作选择时的第一步的结果。一个儿童作出了这样的选择，他就会带着所有的生命力量沿着这两条岔道中的一条走下去。儿童的活力使他像章鱼的触须一样伸展出去，抓住并毁坏他迫不及待想占有的东西。

一种主人的感觉使他牢牢地抓住自己喜欢的东西，并准备像捍卫自己生命一样去保卫它们。

《有吸收力的心理》　　　　　　　1958 年英文版　P.190

　　一个非常普遍的性格特征就是占有欲。……儿童的占有欲似乎是与毁坏欲相伴而生的。看到一个儿童对占有某些东西的强烈渴望，但一旦占有了它，他就会丢掉它或毁坏它。这是多么奇怪的现象啊！然而，如果我们记住没有一个物体能够引起儿童的永久兴趣，那么这种现象是很容易理解的。它只是一时对儿童有吸引力，接着就被放在一旁了。

《童年的秘密》　　　　　　　1939 年英文版　P.208

　　与占有欲相关的另一种特有的心理偏离，就是希望对权力的占有。能够支配环境的人身上具有一种本能力量，使他能够通过对环境的爱进而占有外部世界。但是，如果这种本能力量不是去形成人的个性，而仅仅是去获得东西，那么，这种本能力量也就偏离了方向而趋于对东西的占有。

《童年的秘密》　　　　　　　1939 年英文版　P.212

　　儿童肯定会通过连续的挫折感注意到，他自己是唯一被认为会对物品产生危害的人以及唯一不能触碰物品的人。这种自卑感几乎使儿童认为，他自己比那些物品还不值钱。

《童年的秘密》　　　　　　　　　　1939 年英文版　P.215

如果成人使得儿童相信他自己是无能的，那么，一片乌云就会笼罩在他的心灵上，他就会陷入胆怯、冷漠和恐惧的状态之中。所有这些感觉合在一起就形成了一种内在障碍，心理分析学家称为"自卑情结"。这种障碍可能作为一种无能和自卑的感觉而在儿童心里保存下来，将阻碍他接受在人生的每一步会出现的社会考验。

《童年的教育》　　　　　　　　　　1949 年英文版　P.45

年幼儿童的顽皮表示一种无序，这种秩序与心理生活构建过程中的自然法则有关。它并不是邪恶，但它会危及个人心理活动未来的正常状态。

《童年的教育》　　　　　　　　　　1949 年英文版　P.48—49

年幼儿童的顽皮是一种保护自己或表现潜意识绝望的形式，这种顽皮不会在整个未来所依赖的那个时期都产生影响，也不会每时每刻都"发生作用"。在儿童失去环境的刺激或由于阻碍他在环境中活动而经受一种挫折时，顽皮也可能是由于心理饥饿而引起焦虑不安的一种形式。因此，"潜意识目的"进一步与它会在儿童生活中产生一种困境的认识分离，儿童也开始变得与具有引导作用的创造力分离。

《童年的秘密》   **1939 年英文版** P.225—226

　　在这些特征中，说谎是主要的特征之一。说谎就像一件隐藏心灵的外套——由许多不同的衣服组成的一整套嫁妆，因为存在着那么多不同的说谎，每一种说谎都有一个不同的含义。既有正常的谎言，也有病态的说谎。……他们的谎言是由一种心理紊乱引起的，他们一时的情绪加剧了这种心理紊乱。

《童年的秘密》   **1939 年英文版** P.225

　　尽管心理畸变会表现出个别的特征，但它就像一棵繁茂大树的分枝，永远会朝四面八方伸展出去，它们都来自同一个深层的根部。只有在那里，才能找到正常化展现的独特秘密。在普通心理学和现行的教育方法中，一个常见的错误就是在研究和论述中把这些心理畸变看作互不相连的、孤立存在的，尽管它们实际上是相互依赖的。

儿童心理畸变
对身体发展的影响

《童年的秘密》   **1939 年英文版** P.219

　　伴随着心理的畸变，会出现各种各样的特征。有些特征看起来是不相同的，但它们影响了人的身体功能的发挥。……许多身体的失调都产生于心理原因……甚至某些似乎主要是与身体密切相关的缺陷，其最终的根源也都在于心理领域。

《童年的秘密》　　　　　　　　　　　　　**1939 年英文版**　P.49

　　如果我们必须把儿童看作在隐藏的力量中我们尚未知的一个秘密，如果他的心理活动是在功能性失调和病态的背景下发展的，那么，这种情况就是很多的心理畸变所产生的必然原因，致使他无识别能力、身体衰弱和发育迟缓。这并不是一幅想象中的图画，而是一种反映目前状况的现实。

《童年的秘密》　　　　　　　　　　　　　**1939 年英文版**　P.48

　　如果把每一种生理方面的失调都看作一种功能性疾病的话，那我们必须把心理方面的失调也称为功能性疾病。因此，婴儿的第一次"发脾气"也就是他的第一次心理疾病。

《童年的秘密》　　　　　　　　　　　　　**1939 年英文版**　P.202

　　具有心理障碍的人都避免接触新鲜空气、水和阳光，而把自己关闭在密不透光的大墙背后。无论白天还是黑夜，他们都紧闭着窗户，以至于无法使一丝空气流通。他们用厚厚的衣服把自己的身体包裹起来，就像洋葱那样一层紧裹一层，不愿使身体接触到水，不愿使皮肤毛孔接触到干净的空气。因此，人的生理环境成为人的生命发展的障碍。

《为了新世界的教育》　　　　　1946 年英文版　P.77

　　人天生就是有心智的生物，其对精神食粮的需要甚至超过对身体食粮的需要。与其他动物截然不同的是，人类必须根据生活及生活经验来建构自己的行为举止。如果走在这条生活道路上，那所有人将是身体健康和心智完善的。

《童年的秘密》　　　　　　　　1939 年英文版　P.224

　　所有的疾病都会有一种心理因素，因为人的心理活动和生理现象是紧密相连的。但是，摄食的不正常为各种疾病敞开了大门。有时候，一个人可能仅仅在外表上有病，实际上这只是一种想象出来的病，而不是实际存在的病，纯粹是心理原因造成的。

《童年的秘密》　　　　　　　1939 年英文版　P.220—221

　　我们可以说，一旦出现心理畸变的征兆，人也就失去保护自己并保证自己处于健康状态的敏感性。有关这一方面，我们可以在"心理偏离"儿童身上找到证据，这种儿童在自己的饮食上就表现出偏食。他一看到食物就立即被吸引住，仅仅是根据自己的味觉来对待所见到的食物，但内在的重要因素，即起保护作用的敏感性被削弱了或消失了。

《童年的秘密》　　　　　　　　1939 年英文版　P.173

　　事实上，如果说心理的压抑会影响一个人的新陈代谢因而降低其活力的话，那可以肯定，也会发生相反的情况。那就是，富有激励作用的心理体验能够增强新陈代谢的机能，并促进一个人的身体健康。

《童年的秘密》　　　　　　　　　　1939 年英文版　P.224

我们不如这样说，每一种心理畸变都在引导人走上死亡之路，并使人尽力摧残自己的生命。在最早的幼儿时期，就可以看到这种可怕倾向的一种隐隐约约的、几乎难以察觉的形态。

儿童心理畸变的
矫正和消逝

《童年的秘密》　　　　　　　　　　1939 年英文版　P.26

实际上，从新生儿诞生那一刻起，就有"儿童心理健康"问题，需要采取一些措施使他的心理能适应周围的世界。为了达到这一点，就应该在一些医疗诊所里进行实验，同时对一些家庭进行必要的宣传，以使人们对新生儿的态度有所改变。

《为了新世界的教育》　　　　　　　1946 年英文版　P.36

教育的一个专门问题是如何帮助这些心理畸变儿童，如何治疗阻碍或偏离正常发展的心理畸变。因为这样的儿童不热爱环境，对克服抑制他自己发展的障碍感到非常困难，因此，首先需要的是减少那些障碍，其次是使环境具有吸引力。于是，必须使儿童有欢乐的活动，做一些有趣的事情，进而引导他尝试一些其他活动。

《童年的秘密》   1939 年英文版 P.201—202

　　一些心理障碍是很难克服的，即使幼儿的心理障碍也是如此。这些心理障碍建造了一堵把心灵封闭起来的内部之墙，用以抵御外部世界。一出神秘的戏剧只能在那些多种多样的障碍背后演出，它常常是与所有美好的外部世界以及富有和幸福之源相隔绝的。学习、科学和数学的奥秘、富有魅力的古典语言以及对音乐的追求，这些都成了需要被隔绝的"敌人"。

《有吸收力的心理》   1958 年英文版 P.68

　　这是人类的巨大危险。如果儿童在他的正常形成中没有得到保护，那他长大成人后将会采取成人的方法对社会进行报复。我们的无知并不诱发在成人中所存在的那种反抗，但是，这样形成的人比他们应该成为的人更为脆弱。这会产生成为个体生活障碍的内在变化，以及会形成阻碍世界进步的各种个性。

《童年的秘密》   1939 年英文版 P.270

　　没有人能够消除实际上从早期起就不断发展的不正常现象，

因为只要儿童不能按照自然法则成长发展，而受到心理畸变的折磨，人将永远是不正常的。这种能够帮助人类发展的能量潜藏在儿童身上，但仍然是未知的。

《为了新世界的教育》　　1946 年英文版　P.77

　　使我们的第一批学校变得引人注目的事实之一，就是儿童的这些心理缺陷的消逝。它归因于一件事情，即儿童可以自由地在环境中进行他们的活动，并通过这些活动经验丰富他们自己急切渴望的心智。……当儿童达到能够集中注意力和围绕一种兴趣进行工作的阶段，那些心理缺陷也就消逝了，无序状态变成了有序状态，消极被动变成了积极主动，原先困扰他们的东西变成了帮助他们的东西。

《有吸收力的心理》　　1958 年英文版　P.233

　　我们并不要求逐个地消除偏离心理的所有迹象。但一旦获得了把注意力集中在真实事物上的能力，儿童的心理就会恢复到健康状态，并重新开始正常地发挥其功能。

《童年的秘密》　　1939 年英文版　P.200

　　经常可以注意到的一种现象是，心理偏离和行为暴躁的儿童迅速地得到了转变，他们似乎瞬间就从一个遥远的世界回来了。他们不仅在外部表现上改变了无序工作的习惯，而且在心理上发生了更为深刻的变化，表现出平静和满足。儿童的心理畸变自然地消失了，犹如一种自发的结果、一种自然的转变。然而，如果这样的心理畸变没有在童年时期被矫正，那么这些心理畸变将伴随他们的一生。

第九编

自由和纪律是
一枚奖章的两面

真正的自由
是一种发展的结果

《有吸收力的心理》　　　　　　　　1958 年英文版　P.180

　　真正的自由是一种发展的结果，而这种发展是在教育的帮助下取得的一些内在指引的发展。这种发展是积极主动的。它是通过个人的努力和经验而达到的人格建构，也是每一个儿童趋于成熟而必须经历的漫长路程。

《科学的幼儿教育方法》　　　　　　1912 年英文版　P.28

　　科学的教育学的基本原理必须是学生的自由——这样的自由作为将允许个人的发展，即儿童本性的自发展现。如果一种新的、科学的教育学是源于个体的研究，那这样的研究必须使它本身进行自由儿童的观察。

《有吸收力的心理》　　　　　　　　1958 年英文版　P.79

　　儿童正在遵循着大自然的方法。儿童获得了自由，而自由正是一切生物的首要法则。儿童是怎样获得独立的呢？他是通过不断的活动而获得独立的。他是怎样获得自由的呢？他是通过不断的努力而获得自由的。任何生命都不会停滞不前。独立并不是一种静止的状态，而是一种不断的获得。儿童要获得的不仅是自由，而且也有力量以及完善自我的能力，他必须沿着这条充满艰辛的道路不断前进。

《有吸收力的心理》   1958 年英文版 P.79

只有在儿童身上，我们才能看到大自然最高权力的反映。大自然在赋予儿童生命本身的同时，也赋予儿童自由和独立。大自然在赋予儿童生命时，遵循着有关个体年龄和需求的永恒法则。大自然使自由成为生命的法则：或是自由，或是死亡！

《为了新世界的教育》   1946 年英文版 P.35

自然给予生命就是给予自由和独立，同时给予根据时间及特殊需求而决定的规律。自然使自由成为一条生命规律——或选择自由或选择死亡。……独立不是一种固定不变的表现，而是一种连续不断的征服。通过不知疲倦的工作，儿童不仅获得了自由，而且增强了力量、完善了自我。在给予儿童自由和独立时，我们就解放了一个受到内在力量驱动而去活动的工作者，他不活动就不能生活，因为活动是一切生物存在的形式。生命就是活动，只有通过活动才能探索和发现生命的完善。

《有吸收力的心理》   1958 年英文版 P.238

在我们所说的精神健全的意义上，当儿童把注意力集中于一个被选择的物体，以及把整个自我集中于多次重复练习时，他就有一个自由的心灵。从这时起，除了使儿童作好准备和满足他所需要的环境以及排除可能妨碍他趋于完美的道路上的障碍外，就不必担心他。

《科学的幼儿教育方法》　　　　　　1912 年英文版　P. 23

　　自由的本能消除所有的障碍，从胜利走向胜利。正是这种个人的和普遍的生命力量，即一种常常隐藏在心灵中的力量，推动着世界向前发展。

《科学的幼儿教育方法》　　　　　　1912 年英文版　P. 95

　　因为天生娇弱的特点，因为作为社会人的品质，儿童被限制其活动的各种桎梏束缚。所以，我们必须采用一种以自由为基础的教育方法，以帮助儿童战胜各种障碍。或者说，儿童的训练必须能够帮助他用合理的方式减少限制其活动的社会束缚。

不要误解
儿童自由的观念

《有吸收力的心理》　　　　　　　1958 年英文版　P. 179

　　自由就是直接从压迫性束缚中得到解脱，就是停止行为纠正和不再屈服权威。这种概念显然是消极的，就是说，它只是意味着强制的消除。……当儿童还没有发展任何控制能力的时候,"让儿童想做什么就做什么"的观念是与自由的观念相违背的。

《有吸收力的心理》   1958 年英文版 P.180

如果自由被理解为"让儿童想做什么就做什么""让他们使用或更像是滥用那些可以得到的东西",那结果显然只能是:儿童的"性格偏离"将会无约束地扩展,他们的心理畸变将会增加。

《蒙台梭利儿童教育手册》 中国发展出版社   2006 年版 P.151

这个环境越是要符合儿童的需要,我们教师的角色也就越是要加以限制。但是,我们一定要清楚地牢记一个基本原则——给儿童自由,并不表示对儿童放任自流,或是对儿童不闻不问。

《有吸收力的心理》   1958 年英文版 P.213

我们学校的儿童是自由的,但这并不意味着学校是没有组织的。事实上,组织是必要的,如果儿童要自由地工作,那我们学校的组织实际上比普通学校的组织更为完善。

《科学的幼儿教育方法》   1912 年英文版 P.123

我们进行了自由教育。就是说,教师将不再对儿童们作出评价,以及不再指导他们如何离开自己的座位等,而只限于纠正那些没有秩序的行为举止。

《有吸收力的心理》　　1958 年英文版　P.216

　　儿童常常没有意识到他们正在犯错误。他们不仅无意识地犯错误，而且对自己的错误完全不在乎，因为纠正错误是教师的事情，而不是他们的事情。这与我们的自由观念相距是多么遥远！

《科学的幼儿教育方法》　　1912 年英文版　P.95

　　我们的儿童在有意识地、自由地表现他们的个性。……我们关于儿童自由的概念，并不是我们在对植物、昆虫等观察中所使用的那种简单的自由概念。

《为了新世界的教育》　　1946 年英文版　P.61

　　真正的自由始于生命之初，而不是成年时期。这些已被减少力量的人使得他们自己的眼睛近视，因心智疲劳而失去活力和身体出现畸形，意志被权威者摧残，而权威者会对他们说："你们的意志必须消除，而我的意志必须加强！"——我们又怎么能够期待他们在学校生活结束时会接受和行使自由的权利呢？

《有吸收力的心理》　　1958 年英文版　P.181

　　自由选择的活动成为他们的正常生活方式。对他们无序状态的治愈，正是其通向新生活的大门。……一种自由选择的有趣工作不仅具有促使儿童专心致志工作而不感到疲劳的优点，而且还能提高儿童的精力和心理能力，并引导他们获得自制力。

《有吸收力的心理》   1958 年英文版   P.237

　　在所有心理过程中，自由选择是最重要的心理过程之一。只有当儿童深刻地意识到他的实际练习和精神生活发展的需要时，才能说他进行了真正的自由选择。当各种外部刺激同时对一个儿童具有吸引力时，那就不可能谈到自由选择。因为缺乏意志力，他会对每一个呼唤都作出反应，不停地从一件事情转到另一件事情。这是教师必须能够区分的最重要的差别之一。

《家庭中的儿童》 中国发展出版社   2012 年版   P.108

　　虽然年轻一代的父母都能理解解放儿童的精神，让天真、纯洁的儿童自由发展，但是切记，千万不能将教育的自由错误地理解为不改正儿童的缺点。

通过给予自由
而获得纪律

《有吸收力的心理》　　　　　1958 年英文版　P.250

自由和纪律是一枚奖章的两面，因为科学的自由能促成纪律。硬币通常有两面：一面比较漂亮，琢刻得很好，并带有头像或寓意的图案；另一面则修饰较少，除了数字或一些文字外就没有什么东西了。我们可以把修饰较少的一面比作自由，把琢刻得很好的一面比作纪律。

《科学的幼儿教育方法》　　　　　1912 年英文版　P.86

纪律必须通过自由而获得，这是遵循传统学校教育方法的人难以理解的一条重要原则。一位教师怎样在给予儿童自由的班级里维持纪律呢？当然，在我们的教育体系中，纪律的概念同普遍公认的概念有很大的区别。如果纪律建立在自由的基础之上，那这种自由本身必须是主动的。我们并不认为，一个由于人为约束而像哑巴一样安静、像瘫痪者一样不能活动的人就是一个遵守纪律的人。其实，他是一个被扼杀了个性的人，而不是一个遵守纪律的人。

《有吸收力的心理》　　　　　　　1958 年英文版　P.177

　　自由中的纪律似乎解决了一个迄今为止尚未能解决的问题。其答案就是：通过给予自由而获得纪律。这些拥有自由的儿童集中专注力进行他们的工作，每一个儿童都在完成不同的任务中进行吸收；但是，他们都属于同一个群体，都表现出良好的纪律。在过去的 40 年里，这一点已在世界各地得到了证实。

《为了新世界的教育》　　　　　　1946 年英文版　P.78—79

　　所有儿童的真正目的是：在工作中表现出坚定性，在工作的选择上表现出自主性，而没有教师的指导。儿童遵循一些内在指导，进行不同的工作，使他们自己获得了欢乐和宁静。于是，在儿童中以前从来不为人知的一些事情出现了，这就是自发的纪律。……要获得纪律，就要给予自由。

《科学的幼儿教育方法》　　　　　1912 年英文版　P.370

　　这个实验表明了一种间接培养纪律的形式。在这种纪律形式中，教师的批评和训诫被儿童的一种合理组织的工作和自由替代。它包含着一种生命观念，这种观念在宗教领域比在学校教育领域更为普遍。因为它依靠的是人类的精神力量，并在工作和自由这两条通向所有公民进步之路的基础上建立起来。

纪律的目的
是为了工作和活动

《科学的幼儿教育方法》　　　　　　1912 年英文版　P.93

如果纪律要维持下去的话，那就必须以这种正确方法奠定它的基础。对教师来说，最初的时期是最难熬的。为了使儿童主动接受训练，他们首先必须了解善与恶之间的区别。教师的任务是保证儿童不会把善与静、恶与动混淆起来，虽然在传统纪律中这种情况是经常发生的。所有这一切都是因为我们的目的：纪律是为了活动、为了工作、为了美德，而不是为了静坐、为了被动、为了顺从。

《科学的幼儿教育方法》　　　　　　1912 年英文版　P.350

真正的纪律的第一道曙光来自工作。在一个特定的时刻，奇迹出现了：一个儿童对一种工作产生了强烈的兴趣。这种兴趣从他的面部表情、他的高度注意力和他对同一练习的坚韧中表现出来。这个儿童开始走上通向纪律的道路。

《童年的教育》　　　　　　1949 年英文版　P.38

有一个与"纪律"有关的问题出现了，涉及由那些有秩序和安静的年幼儿童表现出的令人惊讶的现象。甚至当教师不在的时候，他们也能够保持有秩序的、守纪律的习惯。

《科学的幼儿教育方法》   1912 年英文版 P.350

　　在建立纪律的努力中，我们必须严格遵循这个方法原理。纪律不是通过口头方式实现的，没有人会"通过听别人说话"而学会自律。纪律的现象需要通过一系列完整的活动来准备，这样的活动成为真正地应用正确的教育方法的先决条件。纪律总是通过间接的方法实现的。要达到这个目的，其方式不在于抨击错误和与错误作斗争，而在于开展自发工作的活动。

《有吸收力的心理》   1958 年英文版 P.230—231

　　让我们始终记住，内在纪律是将要出现的东西，而不是已经存在的东西。我们的任务是指出纪律形成的道路。当儿童把注意力集中在对他们有吸引力的以及不仅给他提供有益的练习而且帮助他们控制错误的某些物体上时，纪律也就形成了。正是这些练习，使得儿童的心灵产生了一种奇妙的整合，因此，儿童变得平静、愉悦、幸福和忙碌，从而忘记自我和练习的结果，对奖品或物质奖励不感兴趣。这些征服他们自己和他们周围世界的小征服者是真正的超人，给我们展示了人的心灵的巨大价值。

《童年的秘密》   1939 年英文版 P.114

　　一种内在自律表现为一种有条不紊的外在行动。当缺乏这种内在自律时，个人就不能控制他自己的行动，而可能受他人的意志所支配，或者就像一条没有舵而随波逐流的船一样，成为外在目的的牺牲品。……当这种情况发生时，我们可以说，一个人的人格被分裂了。当这种情况发生在儿童身上时，儿童就失去了依据他自己的天性来发展的机会。

《科学的幼儿教育方法》　　　　1912 年英文版　P. 93

　　在一间教室里，只要儿童们都能有益地、机智地、自愿地活动，而不会做出任何粗野和鲁莽的事情，那对我来说，这样的教室就是一间真正具有良好纪律的教室。

《科学的幼儿教育方法》　　　　1912 年英文版　P. 117

　　在纪律这个问题上，我们的做法再一次有点像克里斯托夫·哥伦布的鸡蛋。为了使乐手们很协调地共同演奏美妙的乐曲，乐队指挥必须一个一个地训练他的乐手；同时，在每一位乐手能够有准备地跟随指挥棒的无声命令之前，作为个体的乐手必须完善他自己的演奏技能。

《科学的幼儿教育方法》　　　　1912 年英文版　P. 84

　　在旧的教育方法中，获得纪律的证据在于一个与此完全相反的事实，即在于儿童本人的呆立不动和保持绝对安静。这种呆板的、肃静的旧纪律阻碍了儿童学会举止文雅而敏捷地行走，并使他处于缺乏训练的状态……

奖励和惩罚
是对儿童精神奴役的工具

《科学的幼儿教育方法》 1912 年英文版 P.21

　　奖励和惩罚就是儿童心灵的板凳，就是对儿童精神奴役的工具。然而，这些并不是用于减少心灵的畸变，而是引起心灵的畸变。奖励和惩罚被用来鼓励不自然的和被迫的努力，所以，我们肯定不能说儿童的自然发展是与它们联系起来的。骑手在跳上马鞍之前，给他的马塞了一块糖；马车夫鞭打他的马，以使它可以对缰绳发出的信号作出反应。然而，这绝不会使这些马像草原上自由奔驰的骏马那样奔驰。那么，在教育中，应该给人套上枷锁吗？

《有吸收力的心理》 1958 年英文版 P.214

　　如果一个儿童应该得到奖励或受到惩罚，那就意味着这个儿童缺少自我引导的能力，因而就应该由教师来提供引导。然而，假设儿童已自觉开始认真工作了，那奖励和惩罚这样的补充措施就是多余的，其只会影响儿童的精神自由。

《童年的秘密》 1939 年英文版 P.156

　　长期的实验后来证实了我们最初的直觉。对那些毫不在乎任何奖励与惩罚的儿童来说，教师感到已经无须再去奖励或惩罚他们了。更令我们惊讶的是，大多数儿童经常拒绝奖励。

《科学的幼儿教育方法》　　　　　　1912年英文版　P.26

　　对正常人的真正惩罚是个人力量和个人尊严的失去，也就是失去了他的内在生命的源泉。这样的一个惩罚常常落在十分成功的人的身上。一个在我们看来是幸福和幸运的人，可能会受到这种形式的惩罚。一个人往往看不到对他有威胁的真正惩罚。正是在这一方面，教育可以提供帮助。

《有吸收力的心理》　　　　　　　　1958年英文版　P.214

　　在过去的时代，教师总是给愚笨的儿童套上驴耳朵，对书写不好的儿童打手心。然而，即使教师把世上所有的纸都用来做驴耳朵，即使他们把儿童的小手都打烂，实际上都是无用的。

《科学的幼儿教育方法》　　　　　　1912年英文版　P.117

　　直到今天，我们还希望通过外力的强迫和外部法规的强制来支配儿童，而不是从内心来征服儿童。所以，儿童生活在我们之外，使我们不能够了解他们。但是，如果我们消除束缚儿童的人为手段以及愚蠢地惩罚他们的暴力行为，那他们就会真正地给我们展现他们全部的儿童天性。

《科学的幼儿教育方法》   1912 年英文版 P.349—350

　　企图通过命令和训诫以及通过众人皆知的惩戒手段来获得
这样的纪律，那是不可能的。……世上没有什么事情能和"儿
童之家"的纪律处于同一种精神境界。要获得这样的纪律，光
靠惩戒或口头劝告是没有用的。也许，这样的手段一开始看似
有效，但它不能持久。一旦真正的纪律出现，那么这一切虚假
的表面纪律就变成了泡影，即幻想要让位于现实——"黑夜让
位于白天"。

察觉和纠正错误
使儿童趋于完美

《有吸收力的心理》   1958 年英文版 P.215

　　假如我们对错误现象本身进行研究的话，就会清楚地看到，
每一个人都会犯错误。这是生活的事实之一。人们对这一事实
的承认已表明向前迈进了一大步。……我们应该很好地培养对
错误的友好情感，把错误当作我们生活中不可分离的伙伴，就
如同一些有目的的事情确实是有目的的一样。

《有吸收力的心理》   1958 年英文版 P.216

　　我们总结出一条科学原则，可以称为"错误控制"原则，

这也是一条趋于完美的路径。在学校里，无论教师、儿童或其他人做什么事情，必然会出现错误。因此，我们需要把"错误控制"这条原则作为学校生活的一部分，就是说，重要的并不是如此多地纠正错误本身，而是每一个人都应该意识到自己的错误。每一个人都应该有一种检查错误的方法，这样，他就能知道自己所做的事情是正确的还是错误的。

《有吸收力的心理》　　　　　　　　　1958 年英文版　P.218

儿童具有了审慎、自信和经验，这对他的整个人生旅程来说确实是一种财富。……仅仅告诉一个人他是聪明的或愚笨的、灵敏的或迟钝的、好的或坏的，那只能适得其反。儿童必须自己明白能够做什么，重要的是不仅给予他教育方法，而且给予他一些能够使他知道自己错误的指示物。

《有吸收力的心理》　　　　　　　　　1958 年英文版　P.218

如果我们在学校的日常生活中始终安排一些可以察觉到的错误，这就把我们的儿童带向了一条趋于完美的道路。儿童的兴趣在于做得更好，他不断地自我检查和自我测试，这对保证其进步来说是那样的重要。

《有吸收力的心理》　　　　　　　　　1958 年英文版　P.219

错误把人们分开，但纠正错误又是人们团结的一种手段。纠正他们可能发现的错误，已成为儿童的一种普遍兴趣。错误本身成为有趣的事情。它成为人和人之间的一条纽带，也成为人和人之间友情的一种黏合剂。这特别有助于儿童和成人之间形成融洽的关系。发现成人的某些小错误，并不会使儿童不尊敬成人或使成人失去尊严。错误成为不受个人情感影响的事情，那错误就容易得到控制。

第十编

儿童身体的发展与四肢的运动

儿童是一个
正在成长发展的有机体

～～～～

《科学的幼儿教育方法》 1912 年英文版 P.132—133

儿童是一个正在成长发展的有机体，其含水量很大，因此，需要不断地补充水分。在饮料中，最好的和唯一可以无保留推荐的就是纯净的、新鲜的矿泉水。所有的发酵饮料和刺激神经系统的饮料对儿童都是有害的，这是一种基本常识。……如果"儿童之家"在这样的道理上给人以启发，那就是为下一代的健康做了一项崇高的卫生工作。

《童年的秘密》 1939 年英文版 P.222

一个儿童看起来几乎是由于体质原因而缺乏食欲的。他的脸色苍白，缺乏使他恢复健康的户外活动、阳光的沐浴和海边的空气。

《科学的幼儿教育方法》 1912 年英文版 P.125

众所周知，儿童饮食必须适合他的生理需要，就像儿童药品并不是减少剂量的成人药品，儿童饮食也绝不是减少数量的成人饮食。……幼儿的饮食必须含有丰富的脂肪和糖分，前者是为幼儿储备营养，后者是构成幼儿有机组织的成分。其实，糖分对形成过程中的组织来说是一种刺激物。

《科学的幼儿教育方法》　　　　1912 年英文版　P.133—134

　　儿童饮食的另一个问题就是关于饮食的安排。……儿童要遵守严格的进餐时间，以便他能有健康的身体和很强的消化能力。当然，在人们中间流行着一种偏见，即儿童们为了长得快就必须毫无规律地、几乎不停地进食或上瘾地啃咬面包。实际上，这是一种对儿童饮食最为致命的无知。相反地，因为儿童的消化系统特别娇弱，所以，他比成人更需要有规律的饮食。

《科学的幼儿教育方法》　　　　1912 年英文版　P.140

　　如果我们根据儿童身体的观点把幼儿看作"小大人"，那就错了。相反地，儿童具有其年龄阶段所特有的特点和比例。他喜欢仰卧伸肢和对空踢腿，反映了与其身体比例有关的身体需要。婴儿喜爱像所有四足动物一样爬行，就是因为他的四肢与躯干相比显得不长。

《有吸收力的心理》　　　　　　1958 年英文版　P.129

　　人的上肢和下肢是服务于不同目的的。简言之，手和脚是具有不同功能的。对所有人来说，通常都具有行走和保持平衡发展的能力。我们可以把它视为一种生物现象。可以肯定地说，人一旦诞生后就要行走，而且所有人都会采取颇为相似的行走姿态。但没有人能告诉我们，某个特定的人将用他的手做什么。

《蒙台梭利儿童教育手册》 中国发展出版社　　**2006 年版** ● P.50

如果没有指导，儿童的运动就显得混乱不堪，而运动没有章法是他们的特性。事实上，儿童"老也闲不住"，并且"到处动这动那的"。这就形成了所谓的儿童"任性""无法无天"和"顽皮捣蛋"。……实际上，儿童是在这种运动中探索那种真正的能够将运动组织和协调为对人类有用的有益运动。因此，我们不用再做那种无用的尝试，试图让儿童静止不动。

身体运动服务于
儿童生命和精神的发展

《为了新世界的教育》　　**1946 年英文版** ● P.49

为了使儿童不仅在身体上，而且在心理上可以得到充分的发展，活动应该被列入教学计划。确实，精神生活与身体娱乐没有什么联系，但是，如果认为肉体生命和精神生命这两方面是截然分开的，那我们就破坏了这种关系的循环，从而使人的一些行动与大脑分离。有人认为人的行动就是用来帮助进食和呼吸的，但实际上运动应该是服务于整个生命以及服务于人的精神发展的。

《有吸收力的心理》   1958 年英文版 P.126—127

对任何个人的生命来说，运动是那么的必要，不仅使他接触周围环境，而且使他形成与他人的关系。在这个意义上，运动是必须得到发展的。运动的重要性就是服务于人的整体，以及人与外部世界相联系的生活。

《童年的秘密》   1939 年英文版 P.116

身体运动是人的个性的一部分，没有任何东西可以替代它。一个身体不运动的人，实际上就是伤害了自己的生命，也远离了生活。

《有吸收力的心理》   1958 年英文版 P.122

要使任何特定的活动更为完善，那运动必须作为人类关系循环的最后阶段。换句话说，一种更高尚的精神只有通过运动才能获得。这是我们评价运动时应持有的观点。它属于中枢神经系统的整体活动，因而不能被忽视。尽管联络系统有三个部分，但其是一个独立的整体。作为一个整体，只有当各个部分作为一个整体而协调工作时，它才能变得完善起来。

《为了新世界的教育》   1946 年英文版 P.27

在所有的动物中，人是最有能力使自己去适应任何地区的。无论是热带地区或寒带地区，还是沙漠地区或丛林地区，人是唯一能够自由地去自己喜欢去的任何地方的动物。人也是最有能力进行最多样的运动，用自己的双手去做各种事情的动物，其他动物根本不能这样做。人在行为上似乎是没有限制的，他是自由的。人类具有最多样的语言，在运动方面他能够行走、跑步、跳跃和爬行，在舞蹈方面他能够表演优美的动作，他还能够像鱼一样在江河中遨游。

《有吸收力的心理》　　1958 年英文版　P.124—125

所有运动都具有一种最复杂而又最精致的机制。但是，对于人来说，没有一样东西是与生俱来的。儿童是通过外界活动而发展的，并达到完善。与动物不同，人发现自己有如此丰富的肌肉，因而能够进行任何的运动。……儿童具有一种进行协调的内在能力，因而他创造了自己。

《为了新世界的教育》　　1946 年英文版　P.49

心理和运动是一个单循环的两个部分，运动是更高层次的表现。……对我们的新教育来说，其本质是：心智发展与运动是联系的，并依赖于运动。没有运动，就没有发展，也就没有心智健康。这个真理不需要形式上的证明和证据，而只需要观察大自然及其现象，特别是观察儿童的发展就可以获得。

《有吸收力的心理》　　1958 年英文版　P.123

心理发展必须与运动联系起来，而且心理发展依赖于运动。重要的是，应该通过这种观念来理解教育理论和实践。……用我们的新观点来看，运动对心理发展本身是非常重要的，运动的发生是与正在进行的心理活动结合的。运动对心理和精神两方面的发展起着促进作用。没有运动，就既不可能有心理上的最大进步，也不可能有心理上的最大健康。

《为了新世界的教育》   1946 年英文版 P.50

　　符合逻辑的观点是，运动应该是心智的一种更高级的表现形式，因为那些依赖于大脑的肌肉被称为"有意肌肉"，是在个体意志下而运动的。意志就是原动力，没有意志，也就不可能存在心智生活。

《有吸收力的心理》   1958 年英文版 P.123—124

　　通过儿童对世界的观察更进一步证实，儿童通过利用其运动来增强自己的理解力。运动有助于心理的发展，儿童在进一步的运动和活动中找到更新的表达方式。它遵循我们所说到的一种循环，因为心理和运动是同一个实体的两个部分。感觉器官也是其中的一部分，因此，很少有感官活动机会的儿童的心理仍然停留在一个比较低的水平上。

《童年的秘密》   1939 年英文版 P.116—117

　　要人们接受这个观念，即身体运动对人的道德和智力发展具有极大的重要性，这是很困难的事情。如果一个正在发展中的儿童不运用他的运动器官，那他的发展将会受到阻碍；而且，与被剥夺了视力或听力的人相比，他将更远离"智力感觉"。……对心理的发展和人的智力发展来说，身体运动甚至比所谓的"智力感觉"更为重要。

《科学的幼儿教育方法》　　1912 年英文版　P.138

我们必须把体操和一般的肌肉训练理解为一系列有助于生理活动（如行走、呼吸、讲话）的正常发展的训练。当儿童自己在发育方面以任何方式表现出倒退或反常时，应该激励他们进行那些有益于实现最普通的生活行为的运动，例如，穿衣、脱衣、扣衣服纽扣和系鞋带、携带球体和立方体之类的物体等。如果在某个年龄段必须通过一系列体操训练来保护儿童的话，那这个年龄段无疑就是三岁至六岁。在这个生命阶段，特别需要的或更合适的是专门的保健体操，其主要是练习行走。

《有吸收力的心理》　　1958 年英文版　P.127—128

工作和运动是不可分离的。人的生活以及最伟大的人类社会生活和运动是紧密相连的。……社会秩序的真正存在依赖于具有建设性目的的运动。在社会生活中，个人所采取的行动既是为了个体，也是为了社会。……我们应该了解自然界的计划，在这个计划中，每一种形式的生命都依赖于有引导的运动。这些运动的作用超出其本身的有意识目的，那就是理解儿童的工作，并能够引导儿童更好地工作。

《有吸收力的心理》 　　　　　　　　　1958 年英文版　P.122

　　我们今天最大的错误之一就是孤立地考虑运动，把它与其他更高层面的功能分离。……这样一个严重错误必然会造成严重的后果，那就是使运动生命和精神生命之间产生了分离。……但另一方面，始终考虑心理和身体而不考虑其他部分，那就会破坏它们之间存在的连续性，从而使得行动和思想分离开来。但是，运动的目的远远高于产生食欲和增强肺活量。它服务于生存的目的，满足于自然界普遍的、精神的需求。

手的运动
显示出儿童的智慧

《童年的秘密》 　　　　　　　　　1939 年英文版　P.96

　　在人身上，即使人的空间运动力量如此之大，以至于它使人可以绕行整个地球，但行走本身并不是一个有智慧的人特有的运动。相反，与人的心理相关的真正的运动特征是手的运动，它为人的心理服务。……就人而言，人的身体形态和行走的实现是以手的自由为特征的，人能自由地运用他的手。他的手被赋予了其他的功能，而不仅仅是运动的功能。正因为这种功能，人的手成为表达心理的器官。因此，手不仅使人在生物进化中占有一个新的地位，而且还显示出人是运动功能和心理功能的结合体。

《为了新世界的教育》 1946 年英文版 P.52

人的特征是用脑思考和用手劳动，……在人的环境中，所有的变化都是由人的手造成的。因为手与文明得以建立的心智相伴，所以可以这样说，手是把无限财富给予人类的器官。

《童年的秘密》 1939 年英文版 P.98

儿童第一次朝着外界物体伸出他的小手的举动，代表了他的自我要进入这个世界的努力，看到这种举动的成人应该充满好奇和尊敬。但情况恰恰相反，成人害怕儿童那双小手伸出去拿一些本身实际上毫无价值和无关重要的东西，他千方百计想把这些东西藏起来而不让儿童拿到。

《有吸收力的心理》 1958 年英文版 P.133

儿童对他的环境已有清晰的了解，并充满了与环境有关的愿望，于是儿童开始他的行动。可以说，在一岁之前，儿童的双手就开始以各种方式忙碌起来。对他来说，他的双手可以做那么多的工作，例如，开关小橱和有盖的箱子、推进拉出柜子的抽屉、取出和盖好瓶塞等。正是通过这些努力，儿童渐渐地越来越能控制他的双手。

《为了新世界的教育》   1946 年英文版   P.63

儿童的心理仍然保存了心理胚胎期的不知疲倦的吸收力，
但现在手成为心智综合的直接器官。儿童的发展是通过他双手
的工作，而不再是通过四处行走。在这一时期，儿童继续进行
工作，如果他始终用自己的双手那么忙碌地工作，他将会感到
幸福和欢乐。

《有吸收力的心理》   1958 年英文版   P.145

尽管儿童一直不断地从世界中吸收心理能力，但是，现在
在吸收中得到了活动经验的帮助，使之更加充实。吸收已不再
纯粹是感觉器官的事情，手也参与其中了。手成为"心灵的抓
握器官"。

《有吸收力的心理》   1958 年英文版   P.130

对手的发展的指导只能来自心理。手直接与人们的心灵有
关。当然，它不仅与个人的心灵有联系，而且也与人在不同的
时间和地点所采用的不同生活方式相关联。人的手的技能与他
的心理发展有着密切关系。从历史上来说，这与文明的发展是
相连的。人的双手能够表达自己的思想。……因此，手工技能
的发展和心理的发展是同步的。当然，更加精细的工作就更需
要智力心理的关注和指导。

《为了新世界的教育》　　　　　　1946 年英文版　P.53

　　研究儿童的心理发展应该与研究手的发展紧密联系起来。当然，儿童没有手的使用，他的心智也仍将达到一定的水平，但是有了手的使用，那就可以达到更高的水平。已经使用他自己双手的儿童肯定有更健全的性格。如果儿童因为某种环境的力量而不能使用他自己的双手，那他的性格就会有一种情绪低落类型的缺陷，就会不服从或不主动、懒惰和忧伤；相反，能够用他自己双手工作的儿童就会表现出坚强的性格。

《有吸收力的心理》　　　　　　　1958 年英文版　P.131

　　可以说，没有手的帮助，儿童的智力发展仍然可以达到一定的水平。但是，如果能得到手的帮助，那么儿童的智力发展就能达到更高的水平，他的性格也能更加健全。所以，即使我们倾向于把它作为一个纯粹的心理问题来考虑，事实却是：除非儿童有机会在其环境中运用他自己的运动能力，否则他的性格是得不到发展的。

行走使儿童
获得解放和走向自由

～～～～

《有吸收力的心理》　　　　　　　1958年英文版　P.141

　　到处走动和不断发现是儿童的本能，这是儿童天性的一部分，同时也必然会构成他们教育的一个组成部分。在教育者看来，渴望行走的儿童是探究者。……所有这一切开启了整个有趣的领域：儿童知道得越多，他们看到得就越多，因而行走得也就越远。一个人要进行探究的话，就需要有广泛的智力兴趣，而培养这些兴趣正是我们必须承担的职责。

《童年的秘密》　　　　　　　　　1939年英文版　P.92

　　儿童行走能力的发展是通过走路获得的，并不是仅仅等待这种能力的产生。父母欣喜地看到自己孩子迈出第一步，这一步实际上是对自然的一种征服，标志着儿童从一岁进入两岁。对儿童来说，学会行走是他的第二次诞生，他从一个不能自助的人变成一个能行动的人。从心理学观点来看，这种功能的出现是儿童正常发展的主要标志之一。

《有吸收力的心理》　　　　　　　1958年英文版　P.75

　　儿童很快就到了一岁，这时他开始学习行走，这使他自己从另一个禁闭室解放出来。……似乎他想到哪里他的双腿就会把他带到哪里。所以，人是渐渐地成长发展起来的。儿童所享有的自由是从趋于独立的这些步伐中获得的。

《为了新世界的教育》　　　　　1946 年英文版　P.59

两岁时，儿童有了行走的需要……成人们应该认识到行走对儿童意味着什么。……儿童并不想去任何地方，他只是想行走。为了真正地帮助儿童，成人必须跟随着儿童，而不要期望儿童保持成人的步伐。……儿童既是用他的眼睛行走的，同时也是用他的双腿行走的。在行走时，那些有趣的东西会促使他不断地往前行走。

《童年的秘密》　　　　　　　1939 年英文版　P.93

儿童的行走是为了完善自己的行走功能，他的目的就是发展他自己。他的步伐缓慢，这是一种既没有节奏也没有目的的步伐。他的行走是被他直接看到的周围物体激发的。

《为了新世界的教育》　　　　　1946 年英文版　P.55

在儿童活动的这一时期，儿童是一个伟大的步行者，他需要长时间地行走，但成人却坚持抱着他或把他放在童车里，所以，可怜的儿童只能在梦里行走。儿童不能行走，那是因为成人抱着他；儿童不能工作，那是因为成人为他做一切事情！

《有吸收力的心理》　　　　　　　　　　1958 年英文版　P.136

　　儿童成为伟大的步行者，而且有了长距离步行的需求。但迄今为止，还没有一位心理学家对这一事实给予充分的重视。通常，人们不是把婴儿抱在怀中，就是把他放在童车里。在我们看来，因为儿童还不会行走，所以要给他提供运输工具；因为儿童还不会做事情，所以要帮助他做。但是，在儿童走进生活的关键时刻，我们必须注意不要使他产生一种自卑情绪。

《为了新世界的教育》　　　　　　　　　　1946 年英文版　P.60

　　教育必须把儿童看作正在行走的人，他是作为一个探索者在行走。所有的儿童都应该以这种方式去行走，即得到具有吸引力的物体的指导。

《有吸收力的心理》　　　　　　　　　　1958 年英文版　P.141—142

　　儿童不仅仅用他的双腿行走，而且还用他的眼睛行走。对他起驱策作用的东西正是他所看到的那些有趣的东西。……儿童可以漫无目的地行走几英里路。他的行走是走走停停不连续的，但同时又充满了有趣的发现。如果在他前行的道路上存在着某种障碍，例如，一些石头或树干等，他也会因此而感到十分高兴。……教育的道路应该跟随着人的发展道路，让儿童去行走，让儿童去享受不断开阔眼界的乐趣。通过这种方法，儿童的生活将会变得越来越丰富多彩。

《为了新世界的教育》　　　　　　　1946 年英文版　P.54

　　儿童能够独自快步行走，并为这种新的独立而欣喜。现在，如果成人继续帮助他，那么这种帮助在他的发展道路上就将是一个障碍。这时，我们肯定不要再帮助他行走。如果他的手想工作的话，那我们必须给予他活动的动机，引导他沿着获得更大独立的道路前进。

第十一编

感官训练是
儿童发展的途径

感官训练
是智慧和动作的整体活动

《科学的幼儿教育方法》　　　　　1912 年英文版　P.215

专门训练应该占有其相应的位置，因为它教个体去利用他的环境。从这两方面的观点来看，感官训练是最重要的。事实上，感觉的发展先于高级的智力活动的发展，三岁到七岁的儿童正处在感觉的形成时期。

《有吸收力的心理》　　　　　1958 年英文版　P.158

感官是人与环境的连接点，心灵能够凭借这些感觉经验而变得十分灵敏，恰如一位钢琴家能够学会从同一组琴键上演奏出最优美的旋律。……这些灵敏的感觉是在日常生活中产生的，尽管会有很大的个别差异。但是，如果不把感官训练看作某种包含智慧和动作两方面的整体活动，那就永远不可能有什么感官训练。

《科学的幼儿教育方法》　　　　　1912 年英文版　P.221

实际上，我们可以说，在许多情况下，正是因为缺少实践经验，所以使智力变得无用。这种实践经验几乎就是感官训练。每一个人都知道，在实际生活中，最基本的需要就是在各种刺激之间作出正确判断。

《科学的幼儿教育方法》 　　　　　　　　　1912 年英文版 〔 P.216 〕

　　吸引儿童的注意力并不是事物的原因，而是刺激。所以，在这个时期，我们应该有序地引导这些感觉刺激，运用这样一种方式使儿童所接受的那些感觉沿着一条理性的道路发展。这种感官训练将准备一个有序的基础，使儿童可以在这个基础上形成一种清晰的、卓越的智力。

《科学的幼儿教育方法》 　　　　　　　　　1912 年英文版 〔 P.221 〕

　　如果我们希望用训练使这种感觉得到充分发展，那在感觉形成的时期就有必要开始进行感官训练。感官训练不仅应该在幼儿时期有序地开始，而且应该在使个体为社会生活作准备的整个教育时期继续进行。

《科学的幼儿教育方法》 　　　　　　　　　1912 年英文版 〔 P.228—229 〕

　　我们仅仅对儿童说一声"观察"，那是造就不出观察者的，应该给儿童提供观察的动力和方法，而这些方法又是通过感官训练获得的。一旦我们激起这样的活动，儿童的自我训练就有了保证，因为受过良好训练的各种感觉会引导他们更加仔细地观察外界环境，而千姿百态的外界环境又会吸引他们的注意力，并将心理感官训练继续下去。

《科学的幼儿教育方法》　　　1912 年英文版　P.230

儿童的自发性心理发展是连续不断的，与它们直接有关的是儿童自己的心理潜能，而不是教师的作用。就我们的教育来说，这种运动或自发性心理活动是从感官训练开始的，并通过观察能力得以维持。

《有吸收力的心理》　　　1958 年英文版　P.159

教一个受过感官训练的儿童与教一个没有受过这种训练的儿童是截然不同的事情。所提供的任何一个物体，所给予的任何一种观念，所发出的任何一个邀请，都会引起儿童的兴趣，因为儿童早已感知它们之间存在的这种细微差别，诸如叶子的形状、花朵的颜色、昆虫的躯体。一切都依赖于儿童是否能够看到和激起兴趣。对于儿童来说，有已作好准备的心理比有一位好的教师更为重要。

《科学的幼儿教育方法》　　　1912 年英文版　P.221

美育和德育与感官训练是紧密相连的。促使感觉的充分发展以及发展对不同刺激的很好的识别能力，我们可以提高感受的敏锐，增加人的愉悦感。

《科学的幼儿教育方法》　　　1912 年英文版　P.215

我并不认为应用于幼儿的感官训练方法已经完善了。然而我相信，它开辟了心理研究的一个新领域，正在产生丰富的、有价值的成果。……即使不谈感官训练这个问题的纯粹的科学方面，感官训练也肯定在教育学上具有极大的重要性。

感官教具
是引导儿童探索世界的钥匙

《有吸收力的心理》　　　　　　　　　1958 年英文版　　P.159

　　感官是世界的探索者，打开了通往知识的道路。我们的感官教具给儿童提供一把引导他去探索世界的钥匙，以拓展他的视野，使他比在无知的或未受教育的状况下能够更仔细地看到更多的东西。同时发生的是，与儿童的高级能力相关的一切东西都成为一种刺激，不仅促使他有创造力去工作，而且扩展了他的探索兴趣。

《科学的幼儿教育方法》　　　　　　　1912 年英文版　P.167—168

　　我使用的方法是：用教具进行教育实验，并期待儿童的自发反应。这种方法在各个方面都和实验教育学的方法非常相似。乍一看，我使用的教具会与心理测量使用的量具相混淆。……然而，教具和量具两者之间的显著区别在于：触觉测量仪本身具有测量的功能；相反地，我的教具通常不能用于测量，而是用于儿童的感官训练。

《童年的秘密》　　　　　　　　　　1939 年英文版　P.145

　　当一个儿童被一种教具吸引时，他把全部注意力集中在这个教具上，始终以一种惊人的专注态度连续工作。在完成这样的工作后，他脸上露出满意、轻松和高兴的表情。这是我从那些儿童的平静的小脸上和闪烁着自主完成工作后的满意的眼神中看到的。我给儿童提供的教具，就像给钟表上发条的钥匙。……儿童在运用教具后，他的心理比以前更健康、更有活力。这样的工作是一种真正的心理滋养。

《有吸收力的心理》　　　　　　　　1958 年英文版　P.193—194

　　教具的价值并不完全取决于它的大小和颜色（这是远远不够的），而取决于准备提供给儿童使用的那些物体，因为儿童需要一些使他集中注意力的、可触知的有形物体。当然，这些物体并不是随意确定的，而只是作为与儿童一起进行的长期实验的一种结果。

《为了新世界的教育》　　　　　　　1946 年英文版　P.87

　　教具必须始终是形式美观的、表面光洁的和能够很好使用的，而不是残缺不全的，所以，对儿童来说，教具看上去是新的、完整无损的和随时可以使用的。

《科学的幼儿教育方法》　　　　　　1912 年英文版　P.338

　　在这种方法的实际应用中，知道练习的顺序或各种系列的练习是有帮助的。这些练习必须让儿童相继进行。……从整体来说，教具的呈现是按不同的阶段进行的。

《有吸收力的心理》   1958 年英文版 P.158

儿童运用我们的感官教具进行工作，不仅使他双手获得了更高的技能，而且使他对外界刺激的感知达到了更高的程度。从这种程度上来看，外界对他来说变得更加丰富多彩了，因为他能够意识到细微的差别，而对于一个感觉能力较差的人来说，这种差别可能根本就是不存在的。

《科学的幼儿教育方法》   1912 年英文版 P.171—172

这种教具的教育价值恰恰在于这些错误之中。当儿童很有把握地把每一根小圆木柱插入合适的孔里时，他的发展已经超过这个训练的结果，因而这种教具对他已没有什么意义了。……而在这里，替代的是让儿童自己工作、自我纠正和自我教育，因为教师绝不进行丝毫的干预。……儿童需要通过自己的努力来完善自己。感官训练在很大程度上就是如此。

《有吸收力的心理》   1958 年英文版 P.218

我们为儿童设计的教具始终具有在视觉和触觉方面进行检查的特性。两岁儿童开始使用这种教具，很快就获得了纠正他自己错误的观念。这使他走上趋于完美的道路。通过日常练习，儿童变得有自信心了。但这并不意味着他已经完美了，而只是意味着他感觉到了自己的能力，激励自己去尝试的渴望。

《科学的幼儿教育方法》　　　　　　　1912 年英文版　P.168

　　为了使一种教具达到这样的教育目的，必须保证它不会让儿童感到厌烦，而会使儿童感到有乐趣。其困难在于对教具的选择。

重复练习使儿童
内在生命得到建构

《童年的秘密》　　　　　　　　　1939 年英文版　P.152—153

　　虽然这种使儿童处于忘却外部世界的专注状态的例子并不常见，但我注意到所有儿童都会有的一种行为特征，实际上构成了他们在所有活动中都遵循的原则。这是儿童工作的专门特征，我后来称为"重复练习"。……一个练习的各种细节教得越是精确和详细，它似乎越能成为不间断地重复同样练习的一种刺激物。

《童年的秘密》　　　　　　　　　　1939 年英文版　P.250

　　儿童觉得需要重复这个练习，不是为了完善他的操作，而是为了建构他的内在生命，重复练习的次数随消耗的时间而定。

精神胚胎所固有的隐藏法则正是儿童的秘密之一。

《科学的幼儿教育方法》   1912 年英文版 P.357

　　对儿童来说，学会一些知识仅仅是一个起点。当他理解了
一种练习的含义，他就开始喜欢一次一次地重复这种练习，并
会重复无数次，直到获得最大的满足为止。儿童之所以喜欢经历
这一过程，那是因为他在这一过程中发展着他自己的心理活动。

《科学的幼儿教育方法》   1912 年英文版 P.357

　　为了以这种方式去重复，就必须首先存在要进行重复的观
念。从思想上理解这一观念对重复是不可缺少的条件。生命发
展的练习在于重复之中，而不在于仅仅掌握重复这一观念。当
儿童已达到重复练习的阶段时，他已走上通向自我发展的道路，
其外部标志就是他的自律。

《童年的秘密》   1939 年英文版 P.158

　　重复这种练习能使儿童在行为上得到训练，而这是无法通
过说教来获得的。我们的儿童通过学习如何绕过各种物体而不
碰撞它们，通过学习如何轻快地走路而不发出响声，因而变得
敏捷和机灵。他们对自己能完美地完成这些动作而感到兴奋。
他们很有兴趣地发现了自己和自己的接受能力，并在一个不断
展现生命的神秘世界中使自己得到练习。

《科学的幼儿教育方法》　　　　　　　　　　1912 年英文版　**P.340**

　　对于儿童们来说，塔是最有吸引力的，他们很早就开始进行建造塔的练习。于是，我们常常看到年龄很小的儿童在进行建塔，在反复练习时，他们总是用最大的立方体作为塔底，并高兴地认为他们建成了塔。但是，当儿童重复这种练习并以一种固定的方式主动纠正自己的错误时，我们可以确定他们的眼睛受到了训练，甚至可以察觉物体之间的细微差别。

《有吸收力的心理》　　　　　　　　　　1958 年英文版　**P.43**

　　事实上，通过他的智慧所获得的成果，人已被看作万物的延续者（如英国生物学家赫胥黎所说的），仿佛人被指派使用其力量去帮助创造和加快创造的节奏。通过练习对生命自身的控制，人帮助生命变得完美。

《科学的幼儿教育方法》　　　　　　　　　　1912 年英文版　**P.360**

　　感官训练恰恰在各种练习的重复之中进行。重复练习的目的，不在于让儿童认识各种颜色、各种形状和不同性质的物体，而在于通过注意、比较和判断的练习使儿童自己的感觉更加敏锐。这些练习是真正的智力训练。通过各种方法的正确指导，这样的练习可以促使智力的形成，就像锻炼身体可以增强体质和促进身体成长一样。

第十二编

工作和活动促进儿童生命完美

工作是儿童精神
生命的主要表现

〜〜〜〜

《为了新世界的教育》　　　　　　　1946 年英文版　P.51

　　每一个人都有他自己所遵循的道路，工作是他的精神生命的主要表现。那些不工作的人确实处在精神衰退的巨大危险之中。尽管肌肉系统无法使所有的肌肉都参与训练，因为其数量太多，但没有一定数量的肌肉的参与，就会使精神生命处于危险之中。

《童年的秘密》　　　　　　　　　　1939 年英文版　P.234

　　在人的天性中，工作是一种天赋倾向，是人类特有的本能。工作应该是使人得到充分满足的一个源泉，是健康和新生的一个关键。

《有吸收力的心理》　　　　　　　1958 年英文版　P.81

　　从惰性向工作转变！这是治愈行为失常儿童的道路，同样也是正常儿童发展的道路。对于一种新教育来说，这必须是它的基础。大自然自身指明并建立了这一基础。

《童年的秘密》　　　　　　　　　　　1939 年英文版　`P.234`

　　在儿童给我们带来的那些惊人发现中，通过工作来实现正常化的现象是最重要的展现之一。……儿童的工作愿望体现了一种重要的本能，因为没有工作他就不可能形成自己的个性，就会违背自己的正常发展路线。"正是通过工作，人塑造了他自己。"无论身体健康，还是慈爱，任何东西都不能替代工作。

《有吸收力的心理》　　　　　　　　　1958 年英文版　`P.126`

　　一个人的工作性质是通过他的运动表现出来的。因为他的工作是其心理（精神生活）的表现，运动在服务他内心世界的这个中枢和引导部分中得到了发展，这接近于运动的全部财富。……一个人的心理生活可能要受到他选择的工作类型的限制。从根本上讲，任何一个从来就不工作的人的心理生活是存在着很大危险的。

《科学的幼儿教育方法》　　　　　　　1912 年英文版　`P.351`

　　这种工作是不能强制的，它恰恰是我们教育方法的切入点。它必须是人类本能上乐于从事的工作，必须是与生命的潜在倾向自然一致或个人一步一步地朝着顶峰攀登的工作。这就是调整人的个性以及为之开拓广阔和无限发展前景的工作。

《童年的秘密》　　　　　　　　　　　1939 年英文版　`P.235`

　　当人们在工作时，他们被赋予这样的一种非凡力量，使他们能够用自己的个性方式重新发现他们物种的本能。因此，这种本能像从地球中猛烈喷射出来的一股强有力的激流，能够使人类得到更新。通过这种强烈的欲望，人类文明的真正进步产生了。因为这是人的天赋的工作本能的基础，而人类社会环境就是建立在这个基础上的。工作无疑是人的显著特征。人类文明的进步是与人创造一个更舒适的生活环境的多种能力直接相关联的。

工作帮助儿童
获得力量和智慧

《有吸收力的心理》　　**1958 年英文版**　P. 26

　　对于儿童来说，生活的过程就是他自己的一种延伸和扩展。他逐渐长大，也变得更有力量和更有智慧。他的工作和活动帮助自己获得这种力量和智慧。……童年时期没有竞争，因为没有人能够代替儿童做他自己应该做的建构正在形成的人的那个工作。概括地说，没有人能够代替儿童的成长发展。

《科学的幼儿教育方法》　　**1912 年英文版**　P. 375

　　儿童们自己在工作，并在这样的工作中获得了积极的纪律以及日常生活中所有行动的独立，就好像他们通过每天的收获而在智力发展上获得进步一样。

《有吸收力的心理》   1958 年英文版 P.241

当儿童的工作是完美的和不断增加的时候，就如春天里盛开的鲜艳花朵以及秋天里准备收获味道甜美的、营养丰富的果实的时候一样。

《科学的幼儿教育方法》   1912 年英文版 P.353

工作使儿童的精神得到发展，而精神的充分发展又使儿童工作得更好，更好的工作又会使儿童感到欢乐——因而他的精神继续得到发展。

《有吸收力的心理》   1958 年英文版 P.77

儿童只有依靠他的环境经验才能得到充分的发展。我们把这种经验称为"工作"。……因此，儿童通过获得新的力量来加强自己的独立，他只有自由地运用这些力量才能正常发展。儿童只有通过运用获得的独立才能得到发展。

《童年的秘密》   1939 年英文版 P.212

儿童不仅需要接触一些东西和运用这些东西进行工作，而且需要通过一系列行动去完成工作。这一切对儿童个性的发展具有至关重要的作用。

《科学的幼儿教育方法》　　　　　1912 年英文版　P.352

　　总之，儿童自然地作出反应，那是因为他在活动。但是，这些活动是指向一个目的的，不再是混乱的表现，而是在工作。这就是纪律，它代表一个通过一系列方式的努力而成功地达到的目的。通过这种方式的训练之后，儿童已不再是起初的儿童。他不仅知道如何做一个被动的乖孩子，而且他是一个自我发展的人、一个克服其年龄阶段的通常界限的人、一个向前迈进一大步的人、一个在他的现在征服他的未来的人。

《童年的秘密》　　　　　　1939 年英文版　P.196—197

　　在我们专门准备的环境中，我们看到，这些儿童马上会使自己的精力集中在某些工作上。于是，他们的想入非非和坐立不安的行为消失了，他们平静地面对现实，开始通过工作来完善自我，他们的正常化得到了实现。他们自己得到了内在心灵的引导，他们的运动器官马上摆脱了混乱，成为渴望了解和真正认识外界现实的智力工具。因此，对获取知识的努力已经替代了无目的的好奇心。

儿童是从来
就不知疲倦的工作者

《为了新世界的教育》 1946 年英文版 P.89

　　儿童应该成为这样的人：从来就不知疲倦的工作者，试图作出巨大努力的镇静自若的儿童，乐意尽力帮助弱者和善于尊重他人的独立性，实际上就是真正的儿童。

《童年的教育》 1949 年英文版 P.38

　　尽量让儿童自由地选择他们的工作而不阻碍他们继续练习，只要他们有兴趣做，就可以尽可能地一直进行下去。

《蒙台梭利儿童教育手册》 中国发展出版社 2006 年版 P.25

　　我们的儿童可以自由自在地在为他们准备的环境中完成他们的工作，这些"工作"能滋养他们饥饿已久的心灵。一旦兴趣被激发出来，儿童就会一遍又一遍地练习，其专注性可以从一个工作转移到下一个工作。

《有吸收力的心理》 1958 年英文版 P.241

　　已经进行了令人赞美的工作的儿童可能又会在另一个角落忙碌于一些新的工作，只是希望别人不要打扰他。这是纪律已经形成的时期，即采用一种主动的平静、服从和爱的形式。

《童年的秘密》　　1939 年英文版　P.249

　　我们需要了解儿童工作的特征是什么。当年幼的儿童工作时，他并不是为了实现一个外在目的而这样做。他的工作目的就是工作本身。当他重复一个练习时，他就使自己的活动达到一个目的，这个目的是不受外界因素所支配的。就儿童的个人特征而言，他工作结束后甚至不会有劳累的感觉，因为他在自己的工作中得到更新并充满精力。于是，我们可以说，儿童的工作是对一种内在需要的满足，这是一种心理成熟的表现。

《有吸收力的心理》　　1958 年英文版　P.155—156

　　儿童的做事方式是给我们提供无穷无尽启迪的一种源泉。它表明，使我们迄今对儿童心理的真正特性盲目无知的偏见是很多的，用一种按照先前原则的方式来指导儿童是不可能的，因为儿童是一个尚未被了解的人。只有儿童自己能够通过其行为来引导我们去了解他。

《童年的秘密》　　1939 年英文版　P.178

　　最令人惊讶的表现是，儿童连续专注于一种单一的工作、一种使用外在物体的练习。这种在心理指导下的手的运动几乎像用一根魔杖叩开了展现儿童正常化特征之门。我们发现，儿童正常化特征的展现显然来自一种内在冲动，就像"重复练习"

和"自由选择"一样。这是真正的儿童所进行的活动，带着热情和愉悦，毫不疲倦，因为他的活动就像一种心理的新陈代谢。这种心理的新陈代谢是与他的生命，也就是与他的发展紧密相连的。

《童年的秘密》　　　　　　　　　　　　　1939 年英文版　　P.254

　　如果儿童厌烦工作，他就得不到成长发展，也就不能增强自己的力量。他通过工作得到成长发展，这是工作会增强他的能力的原因。他从来不要求减轻自己的工作；相反，他会要求成人允许自己去工作，且是独自去工作。儿童成长发展的任务就是他的生命，他必须真正地工作或休息。

《蒙台梭利儿童教育手册》 中国发展出版社　　　　2006 年版　　P.169

　　教师不是儿童贴身的仆人，要替他清洗、穿衣、喂食。儿童必须自己学着做这些事，以使自己独立。我们必须帮助儿童自己行动、自己作决定、自己思考，这是为心灵服务的艺术。

儿童工作与成人工作
是截然不同的

《童年的秘密》 1939 年英文版 P.245

　　儿童的工作与成人的工作是截然不同的，属于另一种秩序。人们可以说，它们事实上是相互对立的。儿童的工作是潜意识完成的，因为他还没有使一种神秘的心理能量主动地参与创造。但是，它实际上是一种创造的工作，也许它是人的创造的奇观景象……我们可以在儿童身上——在每一个儿童身上看到这件事情的所有细节，并对此表示赞美。我们的眼睛每天都在注视这种奇迹般的景象。

《教育与和平》 中国发展出版社 2017 年版 P.24

　　为了完成"实体化"的目的，儿童的工作拥有同成人的工作截然不同的特征和节奏。正因为如此，儿童才是自然与社会中最出类拔萃的伟大改革者。

《童年的秘密》 1939 年英文版 P.248—249

　　儿童和成人都在他们的环境中进行一种直接的、有意识的和自主的活动，严格说来，这种活动可以被认为是"工作"。但是，除这种相似之外，他们各自的工作都有一个要达到的目的……不管怎样，成人和儿童的直接工作与他们的目的相距甚远，但都意味着要利用环境进行工作。……当我们说到儿童的工作并把它与成人的工作进行比较时，我们是说两种不同种类的和具有不同目的的活动，但两者又都是同样真实的活动。

《有吸收力的心理》   1958 年英文版 P.13

儿童也是一个劳动者，他的工作目的就是创造成人。……他的劳动结果并不仅仅是物质的东西，而且是他正在塑造的人类本身——不仅是一个种族、一个阶层或一个社会集团，而且是整个人类。

《童年的秘密》   1939 年英文版 P.241

我们有必要认识到，之所以存在着两个社会问题——成人的社会问题和儿童的社会问题，那是因为存在着两种生活方式，所以，要考虑这两种需要。在每一个领域，都有一种已经在做的必需的工作。成人的工作和儿童的工作都是人类生活所必需的工作。

《童年的秘密》   1939 年英文版 P.245

相比成人，儿童也是一个工作者和生产者。虽然他不能参与成人的工作，但他有自己的工作，一种伟大的、重要的和困难的工作，这实际上就是造就人的工作。自诞生起，新生儿孤弱无助、没有意识、不能说话和站立，但他以完美的形式最终成长发展为一个成人，他的心理活动通过所获得的一切而变得丰富起来，并闪烁出精神的光芒，这就是儿童工作的结果。因此，完全是儿童自己造就了人。在这个工作中，成人是无法替代儿童的。

活动周期是儿童
对未来生活的间接准备

《有吸收力的心理》　　**1958 年英文版**　P.138—139

　　如果儿童的活动周期被打断的话，其后果将是人格偏差、漫无目的和毫无兴趣。现在，人们认为，让这些活动周期自然地发展是极其重要的。……活动周期必须是完整的。所以，不管我们偶然看见儿童在进行什么样的智力活动，即使在我们看来是荒唐可笑的或违背我们意愿的，都不要去干扰他。因为儿童始终必须完成他所渴望的活动周期。当然，儿童所进行的活动必须是对自己没有伤害的。

《为了新世界的教育》　　**1946 年英文版**　P.57

　　在儿童身上存在着一种完成行动的充满活力的强烈欲望，如果这种强烈欲望的循环被打断了，那它就表现出偏离正常状态和缺少目的性。现在，重视这种活动循环是十分重要的，因为这种活动循环是对未来生活的间接准备。……这样的努力必须得到充分扩展——这种活动循环必须完成。所以，成人们不应该对儿童进行干预，不应该中断儿童的任何活动，即使那些活动看起来是没有价值的，只要不是对儿童生命和肢体过于危险的活动，都应该给予理解！儿童必须实现他的活动循环。

《童年的秘密》   1939 年英文版 P.99

儿童的建设性活动是从其他人的活动中获得启示的。他努力模仿成人使用或操纵物体的方式，总是试图像成人一样去做。所以，儿童的这些活动与他的家庭和社会环境有着直接的联系。他想要去扫地、洗盘子或洗衣服、倒水、洗澡、梳头、穿衣等。儿童的这种普遍情况可以称为"模仿"，即儿童做他看到其他人所做的事情。……儿童的建设性活动起因于一种心理结构，建立在理解的基础之上。

《科学的幼儿教育方法》   1912 年英文版 P.354

活动要服从内在的自然规律——静止。人是一种天生有智慧的动物，在这种特殊情况下，他的活动越明智，他越能发现内心的平静。当一个儿童只是混乱无序地活动时，他的神经能量处于高度紧张的状态；相反，明智而积极的活动则会增加他的神经能量，使他真正得到满足，并为战胜自我、克服过去不可逾越的障碍以及进入一个被他自己的无形指导者的默默尊敬所包围的世界而感到自豪。

《为了新世界的教育》　1946 年英文版　P.58

这种活动循环采取了许多有趣的形式。……在儿童选择的活动循环中，这种中断是对这一年龄阶段儿童的最大压制，以后将会给他带来困难。

《有吸收力的心理》　1958 年英文版　P.139—140

儿童们喜欢努力去进行的另一种活动是爬楼梯。……我们经常见到用木料或水泥做成的滑梯或"滑行道"，这对儿童自己进行攀爬活动是很有帮助的。对于幼儿来说，滑下来是无关紧要的，重要的是爬上去时付出艰苦努力所带来的欢乐。……楼梯给予了儿童最大的欢乐，因为他们生来就有一种向上爬的倾向。这种活动并没有任何外在目的，其目的主要是给儿童提供协调他们自己动作所需要的练习。

《科学的幼儿教育方法》　1912 年英文版　P.180

我们确实在训练中谈论"游戏"一词，但必须明确的是，我们把"游戏"这个词理解为一种有条理的、有明确目的的自由活动，而不是分散注意力的、无序的喧闹的活动。

《童年的秘密》　1939 年英文版　P.154

在儿童的生活中，玩玩具也许只是次要的事情，由于儿童心里没有更好的事情要做，因此他才去玩玩具。当儿童感到他有一些重要的事情要做时，他是不会去玩玩具的。在儿童的心里，更崇高的事情似乎是处于更优先的地位，优先于无关紧要的消遣活动。儿童看待游戏，就如同我们看待下棋或打桥牌一样。

第十三编

儿童的语言发展与文化获得

语言是由儿童
自己从头发展的

~~~~~

《童年的教育》　　　　　　　　　　　1949 年英文版　P.81

　　语言是由儿童自己从头发展的。当然，他是在自然状态下发展的，但这仅仅意味着他继承了发展语言的能力。然而，儿童自身内部发展的正是从环境中汲取的。……虽然儿童在很长一段时间里不会表达自己，但其自身内部在发育成长。

《有吸收力的心理》　　　　　　　　　　1958 年英文版　P.109

　　这是一个小大人，他被人误解但仍在为其独立而战斗。他还没有语言表达能力……然而，他已具有构建一种语言的能力，他发脾气归因于他为构建那个正确的词而作的努力失败了，尽管他已尽最大可能去构建了。同样，不管失望还是误解，都不会使他自己停止尝试，其所使用的那些有点相似的字词渐渐地开始出现。

《有吸收力的心理》　　　　　　　　　　1958 年英文版　P.70

　　儿童并没有通过遗传而为他自己的语言得到一种预先形成的语言模式，但是他通过无意识的吸收活动而遗传了建构语言的能力。这种本能也许可以比作生殖细胞的遗传基因，在对生长组织的控制下，这些遗传基因形成了一个精确而复杂的器官——这就是我们所说的"语言星云"。

《科学的幼儿教育方法》　　　　1912 年英文版　P.315

有音节语言的发展是在两岁和七岁之间这个阶段。这是知觉发展的年龄阶段，儿童的注意力自发地转向外部物体，其记忆力特别强。……在生命的这一阶段，通过在听觉通道和口语运动通道之间的神秘联结，可以看到听觉具有直接激起说话的力量；在这样的刺激之后，口语本能地得到了发展，好像把口语从遗传的睡眠状态中唤醒了。众所周知，只有在这一阶段，才有可能获得所有独特的语言调节，而想在以后再发展那将是徒劳的。只有母语是能够很好地发音的，因为它是在童年时期发展的。

《为了新世界的教育》　　　　1946 年英文版　P.40

语言作为一种自发的创造自然而然地出现了，其发展在很大程度上遵循一些确定的规律，并在确定的时期达到了确定的高度；而且，这对所有的儿童来说都是真实的，无论他们种族的语言是简单的还是复杂的。

《有吸收力的心理》　　　　1958 年英文版　P.97

儿童是"吸收"语言的。……语言是发展来的，而不是教出来的，因为母亲并没有教孩子语言。语言是自然发展的，就如一种自发的创造。而且，语言的发展遵循一些既定法则，这些法则在所有的儿童中是相同的。儿童生命的各个时期都显示出同一阶段所达到的语言水平……

《童年的教育》　　　　　　　　1949 年英文版　P.83

如果在比较中我们假设有语言的遗传性，那它应该就像一块不稳定的、沉默的星云。然而，没有这样的星云，就没有发展任何语言的可能性。星云就像神秘的潜能，如同胚胎细胞中的那些基因，具有引导未来组织构成结构复杂而完整的既定器官的能力。

《有吸收力的心理》　　　　　　1958 年英文版　P.99

儿童学习语言的心理机制也是这样的。它的工作开始于无意识心理最深的隐秘处，并得到发展，其成果才渐渐地固定下来。然后，它才会公开表现出来。毫无疑问，某些正在工作的机制导致了这一切的发生。

《有吸收力的心理》　　　　　　1958 年英文版　P.101

如果儿童生活在词汇丰富的文化人中间，那他就能很好地获得这些词。所以，环境是非常重要的。然而，在这一阶段，不管环境是怎样的，儿童的语言已变得更加丰富了。

《有吸收力的心理》   1958 年英文版 P.75

学会说话并能与人进行交流，这是儿童在独立的道路上迈出的给人印象最深的一步。……儿童在这时似乎是同时获得了听和说的能力。

《科学的幼儿教育方法》   1912 年英文版 P.124

对促进儿童语言能力的展现或发展来说，这样的会话具有重要的教育作用。因为教师不仅能够防止儿童讲述家里或邻里所发生的事情，而选择一些合适的、愉快的话题；而且能够使儿童了解那些使人乐于谈论的事情，即我们生活中发生的事情、公众的事情、各个家庭的事情，也许是儿童自己遇到的事情——如洗礼、生日宴会，任何一件事情都可以成为偶然会话的话题。这样的话题将鼓励儿童自己讲述。

《有吸收力的心理》   1958 年英文版 P.108

我们没有充分认识到儿童在一岁和两岁之间遇到的那些困难，也没有意识到给他提供良好的学习机会是多么的重要。我们必须明白，儿童是通过自己获得语法知识的，但这并不意味着，我们不要依据语法规则与他说话，或者不要帮助他去构建自己的句子。

儿童语言
的发展会遇到障碍

《科学的幼儿教育方法》　　　1912 年英文版　P. 325

在儿童语言得到发展的每一个年龄阶段，都可通过关注语言发展来避免语言缺陷。

《有吸收力的心理》　　　1958 年英文版　P. 101

儿童到六岁时，已学会正确地说话，知道并使用母语的规则，……他是语言的创造者。他完全是独自做这件事情的，但如果他缺少这种能力，那就不能自发地掌握语言，人类世界就不能始终进行有效的工作。当然，就不会有文明社会的存在。

《有吸收力的心理》　　　1958 年英文版　P. 77

语言一旦出现，儿童就开始喋喋不休，没有人能使他停止说话。世界上最困难的事情之一，就是使幼儿保持安静。如果既不许儿童走动，也不许儿童说话，那他就不能得到正常发展，他的发展就会受到阻碍。

《科学的幼儿教育方法》　　　1912 年英文版　P. 280

许多成人在语言上有永久性缺陷，其正是由于在童年期语言发展中的机能性错误而造成的。如果我们把注意改正更高年级儿童的语言缺陷改为注意仍在幼年期的儿童语言发展的方向，那我们获得的结果会是更加实际的、更有价值的。事实上，发音上的许多缺陷是由于方言的使用而引起的，这些缺陷在童年期之后几乎是不可能改正的。然而，通过使用特别适合完善幼儿语言的教学方法，这些缺陷是很容易消除的。

《有吸收力的心理》   1958 年英文版   P.112

这是儿童的一个困难时期，因为其语言发展的所有障碍都来自环境或他自己能力的限制。这是儿童第二次发现适应环境的困难。第一次发现适应环境的困难是在刚诞生之后，他被要求依靠自己机能的作用，在那之前他母亲为他做了一切。……对语言的探索既是一个趋于更为独立的艰难历程，也是一个存在着潜在的退化危险的历程。

《为了新世界的教育》   1946 年英文版   P.46

语言的习得是一种更大的独立，其结果是自由的表达，但也同时会有精神抑制的危险。这时，一些障碍的影响将永久地保持，因为所有的印象是永久地留在心里的。成人常常因为表达困难而感到痛苦，表现为缺少吞吞吐吐和结结巴巴说话的勇气。

《有吸收力的心理》 　　　　　1958 年英文版 `P.113—114`

　　心理失语症可能会突然地消失，这仿佛是一个令人不可思议的奇迹。儿童出乎意料地开始说话，不仅用词正确、语态平和，而且符合语法规则。显然，他在自己内心深处早已准备好一切，只是一些心理障碍阻止了他的表达。

《有吸收力的心理》 　　　　　1958 年英文版 `P.114`

　　其他一些心理障碍妨碍了清晰地发音、造成了说话结结巴巴或影响了发音的能力。这些缺陷源自语言机制的形成时期。所以，语言习得的每一个阶段都会存在着退化现象，这是十分清楚的。

《科学的幼儿教育方法》 　　　　　1912 年英文版 `P.322`

　　语言的缺陷和不完善，部分归于器官原因，包括器官畸形或神经系统的病变；部分归于语言发展时期形成的缺陷，包括口语单词组合音的发音错误。这样的错误是因为儿童听到不正确的发音或听到错误的言语而形成的。方言口音就属于这一类错误，但也有一些错误的语言习惯会使儿童保留童年时期口头语言的自然缺陷，或者使他在童年时期模仿他周围的人所特有的语言缺陷。

《有吸收力的心理》 　　　　　1958 年英文版 `P.114`

　　多少成人觉得说话是困难的！他们要说话就必须作出巨大

努力，但对说什么好像始终是疑惑不定的。……这些隐藏在内部的困难现已变得无法克服。它们是长期自卑的表现形式，而且肯定会伴随人的一生。

儿童的书写爆发和
阅读渴望

《童年的秘密》　　　　　　　　　1939 年英文版　P.170

儿童似乎仅仅把书面语言理解成表达自己思想的另一种方式，就像口头语言一样，意味着人与人之间直接进行交流的一种方式。

《科学的幼儿教育方法》　　　　　　1912 年英文版　P.288

儿童起先是潜意识地使他自己作好了说话的准备，同时完善了趋于清晰地说话表达的心理－肌肉机制。在书写的情况下，儿童几乎做着同样的事情，但是，直接的教学帮助和书写动作准备的可能性几乎是以一种具体实在的方式实现的，这使得书写能力的发展比正确说话能力的发展更加迅速、更加完善。

《科学的幼儿教育方法》　　　　　　1912 年英文版　P.290

虽然儿童仍然对第一次写的字感到非常高兴，但这不再是一种极为惊讶的来源，因为他看到每天都在发生如此奇妙的事情，并知道所有人迟早都会有同样的天赋能力。这必然会创造一个安静的、有秩序的环境，这个环境充满令人愉悦的、令人惊讶的奇妙。

《为了新世界的教育》　　1946 年英文版　P.6

书写突然出现了，就像说话一样的一种爆发。当这个机制形成时，当它的时机成熟时，整个语言出现了……现在，儿童继续不断地进行书写，不是作为一件冷漠地服从命令的事情，而是作为一种极有兴趣地服从的刺激。

《有吸收力的心理》　　1958 年英文版　P.148

这是在"书写爆发"之后出现的现象。这种现象的出现，使尚未被了解的幼儿心理生活第一次受到了人们的广泛关注。但是，书写爆发只不过是"来自火中的一缕轻烟"。真正的爆发发生在儿童的内在个性上。

《童年的秘密》　　1939 年英文版　P.168

所有字母书写的进步都基于口头和书面这两种语言可以平行演化的观点。书面语言最初是从与其相应的口头语言中提炼出来的，就像滴水汇成江河一样。最终，它们汇成了一条具有特色的溪流：字词和话语。……手和脑都是书写的受益者。手提供了一种新的动力，就像变成瀑布的一滴水一样。整个语言逐渐具有了它的书面形式，因为它是由一个一个语音组成的一条溪流、一个瀑布。

《为了新世界的教育》　　1946 年英文版　P.71

　　儿童专注于那些早已记在心里的东西，以及在以前的时期里早已吸收的东西，因为无论获得什么，他都会记在心里并进行思考。因此，书写的爆发归因于以前学会的说话以及语言敏感性，后者会在五岁半到六岁时消逝。所以，儿童只是在这一年龄阶段才能带着如此的兴奋和热情去完成书写，而八九岁的儿童已没有这样的灵感。

《科学的幼儿教育方法》　　1912 年英文版　P.296—297

　　显而易见，我们的书写方法为如何阅读作了准备，使得阅读的困难几乎不能被感觉到。事实上，书写为儿童机械地解释组成书面文字的字母声音组合作了准备。当我们学校的一个儿童知道如何书写时，他已知道如何读出组成这个词的声音。然而，应该注意到，当儿童用活动字母组成那些词时或当他书写时，他有时间去思考他自己必须选择组成这个词的字母符号。因此，书写一个词所要求的时间，要比阅读同一个词所必需的时间多很多。

《科学的幼儿教育方法》　　1912 年英文版　P.304

　　书籍依靠的是逻辑语言，而不是语言机制。在儿童能够理解一本书的内容并从中得到愉悦感觉之前，逻辑语言必须在他心里建立起来。知道如何阅读一本书的字词和如何阅读一本书的感觉之间的距离，就如同知道一个字词如何发音和如何说一句话之间的距离。

《科学的幼儿教育方法》　　1912 年英文版　P.298

　　如果书写是有助于改进、（或者更正确地说）有助于引导和完善儿童口头语言的运动机制，那么，阅读有助于儿童概念的发展，以及有助于使概念的发展与语言的发展联系起来。事实上，书写有助于儿童的生理语言发展，而阅读有助于儿童的社会语言发展。

《科学的幼儿教育方法》　　1912 年英文版　P.266—267

　　在正常儿童中，肌肉感觉在幼年期是最容易得到发展的，这使得书写对儿童来说是非常容易的。书写并不是与阅读在一起，阅读要求一个更长的过程，要求一种更高的智力发展，因为为了能够理解词语，它要处理对符号意义的解释和对语音音调的调节。所有这些都是纯粹的智力任务。在书写时，儿童在听写中实质上把声音转换成符号，并进行手的运动，这对他来说总是一件容易而愉悦的事情。

使儿童在文化
道路上迈开脚步

~~~~~

《为了新世界的教育》   1946 年英文版 P.12

　　合乎逻辑的是，如果在三岁至六岁这一时期，儿童存在着容易获得文化的自然倾向，那我们就应该为他们提供帮助，使他们利用周围可以操作的物体，使他们在文化的道路上迈开自己的脚步。

《科学的幼儿教育方法》   1912 年英文版 P.300

　　我看着他们，尽力去理解这些儿童的心灵秘密，我对于其心灵的伟大是如此的一无所知！当我沉思地站在那些带着热切渴望的儿童中间，我发现，他们热爱的是知识而不是简单的娱乐，这使我感到十分惊讶，并使我想到了人类心灵的伟大！

《有吸收力的心理》   1958 年英文版 P.22

　　假如我说，在一颗行星上没有学校和教师，人们还不知道学习，而居民除了生活和行走外什么事情也不做，却能逐渐知道一切，却能把全部知识装进他们的脑海里，你会不会认为我在虚构故事？是的，这看起来是如此的荒诞，甚至被认为是凭借丰富的想象力而杜撰出来的，但这恰恰是现实。这就是儿童的学习方式。这就是儿童所走的道路。他学习一切但并不知道他自己正在学习，他就这样一点一点地从无意识转为有意识，且在这个过程中总是充满着欢乐和爱。

《为了新世界的教育》   1946 年英文版 P.12

这些儿童渴求知识的心理已经进入一个环境之中，他们自己是独自的、是不能理解或把握的，但一旦给他们提供了获得的方式，他们就会像饿饥的狮子一样扑过去，所获得的任何食物都将帮助他们活下来，并使他们去适应至今已发展和进步的文明。

《童年的教育》   1949 年英文版 P.36

在年幼儿童的记忆中，什么是特有的呢？显然，从所有的细节来讲，词是刻在年幼儿童的记忆中的。由音节构成的词以及它们的正确连接在他们心里仍是完整的——没有东西能抹掉它们。年幼儿童的记忆具有一种与年龄更大的儿童不同的特点。这种记忆在年幼儿童心里产生了一种视觉，他们确实产生了这种清晰的和固定的视觉。

《科学的幼儿教育方法》   1912 年英文版 P.244

我们已经准备了一些轮廓图画，让儿童用彩色铅笔为它们涂颜色，然后换成画笔，并要求儿童自己准备将要使用的水彩颜料。首先画的是花朵、蝴蝶、树木、动物，然后过渡到包括绿草、蓝天、房子和人物的简单风景画。这些图画将有助于我们研究儿童在观察他周围环境上的自然发展，也就是对颜色观察的自然发展。

第十四编

儿童的各种能力
须受到关注

专注力促使
儿童专心致志

《有吸收力的心理》　　　　　　　　　1958 年英文版　P.193

对儿童发展来说，第一个要素就是专注力。它奠定了儿童的性格和社会行为的全部基础。儿童必须学会如何集中注意力，为此他需要能使自己专心致志的物体。这表明了儿童环境的重要性，因为从外界对儿童产生影响的人是不能使他专心致志的。只有儿童自己能够组织他的心理生活。我们任何人都无法替他做到这一点。

《科学的幼儿教育方法》　　　　　　　1912 年英文版　P.346

儿童都在专注于他们自己的工作：有的在进行感官训练，有的在做算术练习，有的在书写字母，有的在画图画，有的在一个绷着布块的小木框上练习扣纽扣和解纽扣，还有的在掸灰尘。有些儿童坐在桌子旁，有些儿童坐在小地毯上。……通常看到的是，儿童们对自己手中工作的全神贯注。

《有吸收力的心理》　　　　　　　　　1958 年英文版　P.189

任何一位教师又怎能期望去劝导一个三岁半儿童做到专心致志呢？显然，儿童恰恰不是通过一种意志的努力而做到专心致志的。……自然的方法是让儿童产生专门的兴趣，即对进行那种专门的创造性工作产生特别浓厚的兴趣，这种兴趣促使儿童完成其正在发展的个性的每一方面所必需的创造性工作。

《为了新世界的教育》   1946 年英文版   P.66

对儿童来说，注意力集中是一种基本行为，以便逐渐地认识环境，探索每一个物品，并仔细地思考每一个物品。然而，在通常不令人满意的条件下，儿童的注意力会漫不经心地从一个物品转移到另一个物品，而不会把注意力集中在某个物品上。但我们的实验已证明，这样的多变无常并不是儿童的真正特性。

《有吸收力的心理》   1958 年英文版   P.188—189

在儿童的形成发展中，他的专注力是其以后所出现的一切的基础。没有人会说专注力必须总是以同样的方式或在同样的事情上固定下来，但是，如果它不固定下来，那儿童的形成发展就不会开始。没有专注力，儿童就会被他周围的那些物体支配。他感觉到每一个物体的召唤，他的注意力会从一个物体转移到另一个物体。但一旦他的注意力集中于某个物体，他就成为他自己的主人，并能对他周围的世界进行控制。

《有吸收力的心理》   1958 年英文版   P.213

儿童在我们的环境中获得经验并完善他自己，但他必须做一些专门的事情。一旦开始集中注意力，他就可能专注于许多工作。儿童越是积极主动，那教师就越是消极被动。实际上，最后教师几乎完全可以站在他旁边观看。

《有吸收力的心理》　　　　　　　　　　1958 年英文版　P.239

　　注意力集中的儿童是十分愉悦的，他并不在乎身旁的人或在他周围走来走去的参观者。因为这个时候，他的精神就像沙漠中一个隐士的精神：在他内心产生了一种新的意识，即他自己的个性。当他从对事物的专注中走出来时，他似乎感到这个世界就像一个充满新发现的广阔的新世界。

意志力激发
儿童的生命活动

《科学的幼儿教育方法》　　　　　　　1912 年英文版　P.366

　　与所有其他活动一样，意志力是通过有序的练习得到增强和发展的，而且我们所有的意志力练习也是精神性和实践性的。在一般的旁观者看来，儿童似乎在练习准确而优雅的动作，完善他的各种感觉，学习如何阅读和书写；但是，在更加深刻的意义上，儿童正在学习如何成为他自己的主人，如何做一个思想敏锐和意志坚定的人。

《为了新世界的教育》　　　　　　　　　1946 年英文版　**P.82**

　　人的意志不是表现在混乱无序或粗暴上，那是遭受伤害和受到阻碍的标志！但是，意志的丧失是瞬间的事情，而意志的形成发展却是一个漫长的过程，因为意志的发展依赖于环境的帮助。

《有吸收力的心理》　　　　　　　　　　1958 年英文版　**P.220**

　　在幼儿的生命中，一旦他有意识地、主动地做出一个动作，表明这种力量已开始进入他的意识。这就是我们所说的，他的意志已开始发展。这一过程此后会继续向前发展，但只是作为经验的一个结果。因此，我们开始把意志看作是在人的发展过程中形成的，而不是与生俱来的。因为意志是自然的一部分，所以，意志只能在服从自然法则中得到发展。

《有吸收力的心理》　　　　　　　　　　1958 年英文版　**P.221**

　　事实上，意志不会导致混乱无序和暴力倾向。混乱无序和暴力倾向是情绪波动和痛苦的表现。在适当的情况下，意志是一种有助于激发生命活动的力量。大自然赋予了儿童发展成长的任务，他的意志引导他获得进步和发展能力。

《有吸收力的心理》　　　　　　　　　　1958 年英文版　**P.189**

　　在专注力之后将是意志力。这是现今已逐渐展现的性格的另一个特征。实际上，我早已说过儿童重复练习的方法，因为这种练习没有外在目的，所以，它显然具有一种内在目的。儿童在最初集中精力之后开始的这种重复练习起着一种巩固的作用。在人的性格形成中，这还标志着另一个阶段的开始。而且，在这里起作用的意志并不是儿童的意志，而是自然的意志。自然通过她的手段建构了能够使人们实现其所实施的那些计划的能力。

《有吸收力的心理》　　　　　　　**1958 年英文版** **P.221—222**

　　有意识的意志是一种随着运用和活动而得到发展的能力。我们的目的是培养意志，而不是压制意志。意志可能立刻就会受到压制，但意志的发展却是一个缓慢的过程，是通过与环境有关的连续活动得到发展的。

观察力唤起
儿童认识周围事物

《有吸收力的心理》　　　　　　　**1958 年英文版** **P.133**

　　在儿童的身心发展中，听觉和视觉这两种感觉都是十分重要的。在儿童的心理生活中，首要的是唤起他对周围事物的观察力，因为他必须逐步认识将在其中活动的那个世界。

《科学的幼儿教育方法》　　　　　　　1912 年英文版　P.239

儿童会看到在门、窗户和许多家用立体物品外观上充分展现的平面几何图形。因此，儿童从平面几何嵌入物中了解到有关形状的知识，对他来说，这就是一把打开外部世界之门的魔法钥匙，使他具有知晓其奥秘之感觉。

《童年的秘密》　　　　　　　　　　　1939 年英文版　P.72

儿童是一个积极的观察者，通过他的感官来吸收印象，但这并不意味着他像镜子一样接纳它们。一个真正的观察者是根据一种自身的内在冲动、感觉或特殊兴趣而行动的，因而他会有一定选择地吸收印象。

《科学的幼儿教育方法》　　　　　　　1912 年英文版　P.242

在这种练习中表现为观察者的儿童，很可能成为周围整个环境的自发观察者。在有利于确定和记住各种感觉及概念的练习的间接帮助下，儿童会朝着成为自发观察者的目标发展。

《科学的幼儿教育方法》　　　　　　　1912 年英文版　P.227

对儿童来说，每一次新的发现都是一次愉悦的经历。他意识到一种自尊感和满足感，从而激励他到周围环境中去寻求新的感觉，并使自己成为自发的观察者。

《科学的幼儿教育方法》　　　　1912 年英文版　P. 240

　　对儿童来说，精神教育的宝贵源泉像知识教育的宝贵源泉一样，就存在于他对平面几何图形的观察以及对小花园里生长的植物的观察之中。为此，我一直想拓宽我的工作范围，引导儿童不仅观察他周围的各种形状，而且把人的工作与自然的工作区别开来，并学会欣赏人类的劳动成果。

《有吸收力的心理》　　　　1958 年英文版　P. 198

　　每一个班级都有固定的场所，但它并不是绝对隔开的。一个儿童随时可以进行一次智力散步！……儿童的进步并不仅仅取决于他的年龄，而且也取决于他自由地观看其周围的一切。

探究力引领
儿童去探寻和发现

《为了新世界的教育》　　　　1946 年英文版　P. 73—74

　　这一年龄阶段儿童的另一个显著特征是，他总是不断地提出问题，以探寻事物的真理。对成人来说，应该对儿童提出这样的问题感兴趣，不要把它看成一件讨厌的事情，而要看成一种试图探寻信息的心智表现。但是，儿童不能集中注意力听长时间的讲解，因此，对儿童问题的回答要简洁，有可能的话通过一些有说明的物品来提供帮助，就如同借助地球仪来回答儿童有关地理的问题一样。

《有吸收力的心理》　　　　　　　1958 年英文版　P.154

　　这一年龄的儿童总是要求我们对一些事物进行解释。每个人都知道他们是那么的好奇，不断向我们提出各种问题。但是，如果我们不把这些问题看作一种烦恼，而看作一种渴望求知的心灵表达，那我们就会发现它们是有启迪的。

《有吸收力的心理》　　　　　　　1958 年英文版　P.191

　　好奇心可以在科学研究中得到升华。好奇心是调查研究的一种动力。一旦儿童感受到一个物体的魅力，他将变得对所有物体的保护具有热情。

《科学的幼儿教育方法》　　　　　　1912 年英文版　P.94

　　随着时间的推移，儿童们从有序状态的行动中变得更加协调和熟练。实际上，他们学会了反思自己的行为。现在，儿童带着对秩序思想的理解，经历了从起初混乱的活动向自发有序的活动的过渡。

《科学的幼儿教育方法》　　　　　　1912 年英文版　P.118

　　人类必须坚持一个真理，即努力使人的心灵成功地获得思想，以便使人类世世代代更容易从每一种奴役的枷锁中解放出来。

想象力
使儿童拥有心灵眼睛

《有吸收力的心理》　　　　　　1958 年英文版　P.152

　　儿童的心理水平会受到他看到的事物的限制吗？不会。因为儿童还具有一种超越具体事物的心理。儿童具有伟大的想象力。儿童对自己没有直接看到的事物形象的想象，需要依靠一种极其有序的特殊的心理能力。如果人的心理受限于实际看到的事物，那他的眼界肯定是枯燥乏味的。我们并非仅仅用自己的眼睛去观看，文化并非仅仅由我们自己看到的一切所形成。例如，就我们有关世界的知识来说，即使没有亲眼看到过湖泊和白雪，我们也可以把它们带入我们自己的"心灵眼睛"之中。

《为了新世界的教育》　　　　　　1946 年英文版　P.72—73

　　儿童心智本身并不限于他们能够看到的那些物体及其性质，而会高于这一方面，表现出他们的想象力。对儿童来说，在游戏时，一张桌子变成了一幢房子，一把椅子变成了一匹马，他们能够想象一位仙女和仙境，可以毫无困难地想象美国或世界，尤其是借助一个地球仪的帮助。

《有吸收力的心理》   1958 年英文版 P.153

　　对三岁至六岁儿童来说，他们的心理不仅能借助理解力来洞察事物之间的关系，而且能通过想象力在心理上对那些不能直接看到的事物进行想象。在儿童心理学中，想象始终占据着一个重要地位，世界上的所有人都会给他们的儿童讲述富有极大乐趣的童话故事，仿佛儿童都想运用这种伟大的天赋能力，因为想象力无疑就是这种天赋能力。……我们常常忘记想象力是发现真理的一种力量。儿童的心理并不是一种被动的东西，而是一种正在尽力燃烧的火焰，一种从未熄灭而永远燃烧的火焰。

《为了新世界的教育》   1946 年英文版 P.73

　　在六岁以下的儿童中，这种想象力通常会用在玩具和童话故事上，但我们确实能够给他们一些实物让他们发挥想象力，因而把他们放在与其环境的更加精确的关系之中。

模仿力给儿童
提供激励和关注

《有吸收力的心理》   1958 年英文版 P.137—138

　　重要的是，儿童在能够模仿之前，必须为这样的模仿作好准备，而这种准备来自他已作出的努力。对每一个人来说，这都是正确的。由成人树立的楷模仅仅给儿童提供了模仿的目的或动机，并不会保证模仿的成功。事实上，儿童一旦开始他的模仿，常常会比那些楷模做得更好。他会更加完善和精确地做好他自己受到鼓励的一切事情。

《为了新世界的教育》　　　　　　　1946 年英文版　P.57

　　最重要的是，儿童应该为模仿作好准备，这种准备的关键取决于儿童的努力，……模仿可以为儿童提供激励和关注，但必须为实现这种愿望作好准备。自然不仅仅赋予了模仿的本能，而且提供了通过自身努力去变成任何已被证明的榜样，所以，这样的教育者必须认识到他们用什么方式能够为儿童的努力提供帮助。

《有吸收力的心理》　　　　　　　　1958 年英文版　P.138

　　自然本身告诉我们，在教育领域，模仿要求作好准备。儿童的最初努力并不在于模仿，而在于形成自己的模仿能力；他的目的是想把自己变成其所期望的人。这表明，间接的准备对模仿来说是极为重要的。自然给予我们的不仅仅是模仿能力，而且还有改变我们自己以及成为所模仿的榜样的能力。

《有吸收力的心理》　　　　　　　　1958 年英文版　P.146

　　尽管他的行为是模仿的，但这是一种有选择的和理智的模仿。正是通过这种模仿，儿童为自己在世界中起作用作好了准备。毫无疑问，儿童需要做这些事情以服务于自己的目的，即与自我发展相联系的目的。在我们的学校里，我们给儿童提供所需要的一切东西，以便儿童能模仿他在家里或在他所生活的国家里所看到的那些行为。

对秩序的爱
使儿童生活趋于有序

《童年的秘密》　　　　　　　　　　　1939 年英文版　P.54—55

那些很幼小的儿童的一个特点就是对秩序的爱。……婴儿能直接意识到一种杂乱无序的情况，而成人和年龄更大一点的儿童往往对此没有察觉。他周围外界环境的秩序明显地影响了他的敏感性，但当他长得更大一点时，他的这种敏感性也就消失了。

《有吸收力的心理》　　　　　　　　　1958 年英文版　P.110

语言并不仅仅是儿童在这一年龄阶段正在形成的唯一东西。在所形成的其他东西中，还有秩序感。这种秩序感绝不是我们常常假设的一些表面的或暂时的现象，而是产生于儿童的实际需要。当儿童正在经历其心理积极形成的阶段时，他常常感受到一种最强有力的冲动力量，促使他根据自己的逻辑把处于混乱状态中的东西整理得有秩序。

《童年的秘密》　　　　　　　　　**1939 年英文版　P.61**

秩序——就是把东西放在规定的地方。儿童具有秩序感意味着，他已知道那些东西在环境中应有的位置，并清楚地记得它们的位置。这也意味着，他能够适应自己的环境，并熟悉所有的细节。

《有吸收力的心理》　　　　　　　　**1958 年英文版　P.161**

在我们的儿童中，精确性倾向的证据本身是以许多惊人的和自发的方式表现出来的。事实上，如果我们给儿童展示如何精确地做一些事情，这种精确性本身似乎就引起了他的兴趣。有方向行动的真实目的是第一个条件，但精确的行动方式就像是一种支持，促使儿童在他自己的努力中坚持不懈，因而使他在自己的发展中取得进步。我们发现，秩序和精确性是学校中自发工作的关键。

《有吸收力的心理》　　　　　　　　**1958 年英文版　P.165**

精确性对儿童所表现的每一个行动产生明显的吸引力，而儿童对秩序的需要事实上也是支配其早期生活的最强烈的一种动机。……在儿童有目的的活动中，如果有一个应该遵循的精确顺序，他才能坚持进行这些有目的的活动，否则就根本不能使他对自己的活动持之以恒地集中注意力。

《童年的秘密》   1939 年英文版　P.61

很明显，儿童对秩序的爱不同于成人对秩序的爱。在某个年龄阶段，它是一种极其重要的需要。对儿童来说，混乱无序是一种痛苦。它使儿童的心灵受到了伤害。因此，儿童仿佛会说："我不能生活，除非我周围是有秩序的。"实际上，对儿童来说，这是一个生与死的问题。但对成人来说，它仅仅是一个有关是否快乐、是否舒适的问题。

第十五编

儿童性格的自我建构和发展

儿童建构
他们自己的性格

《有吸收力的心理》　　　　　　　　　1958 年英文版　P.182

　　儿童建构他们自己的性格，并在他们自己身上形成我们所称赞的那些品质。这些都不是因为我们的榜样或劝诫而发生的，而仅仅是儿童自己在三岁和六岁之间进行的漫长而又缓慢的连续不断的活动结果。在这一阶段，没有人能够"教"包括性格在内的各种品质。我们唯一能够做的事情就是把教育置于一个科学的基础之上，使儿童能够不受干扰或没有阻碍地进行有效的工作。

《教育与和平》　中国发展出版社　　　　　2017 年版　P.21

　　儿童不只是一个独立的生物，而应当是一个享有独立人格的个体。我们应对儿童存有信仰，就好比他们是救世主，是能够拯救整个人类与人类社会的救星。

《有吸收力的心理》　　　　　　　　　1958 年英文版　P.147

　　儿童一旦被安排在这个与他自己身材相称的世界里，他就会去占领它。儿童的性格也就会伴随着社会生活而渐渐形成了。因此，其结果是，儿童不仅获得了欢乐，而且开始了他成为一个人的工作。

《有吸收力的心理》   1958 年英文版 P.168

我们把儿童性格的发展设想为与自我努力有关联的一种自然结果。这种自我努力是与任何外界因素无关的，但取决于儿童充满活力的创造以及他在日常生活中遇到的障碍。

《为了新世界的教育》   1946 年英文版 P.71

三岁到六岁这一时期正是性格发展的时期，每一个儿童都是根据他自己的法则发展性格的，只要他没有受到阻碍和压抑。

《有吸收力的心理》   1958 年英文版 P.182

没有性格，也就没有"内驱力"。只有成功地保持其性格的某些或全部基本天赋的那些人，才能使任何个性保存下来，尽管他们在早期阶段爱发脾气和受到不公正的对待。但大多数儿童没有形成自己的性格，这种情况太多了。

《有吸收力的心理》   1958 年英文版 P.187

如果在人的整个生命中只能有一次心理建构，如果那时心理建构不能出现或由于不良环境而使心理建构不理想的话，那就不必惊讶为什么大多数人不能得到很好的发展。但是，如果性格遵循其形成的自然方式，如果我们不进行道德说教而是提供积极活动的机会，那么世界就会需要一种完全不同的教育。

《为了新世界的教育》　　　　　　　1946 年英文版　P.65

儿童显现出一种不同的个性，维护他的独立，拒绝对他的帮助。儿童使母亲、保姆和教师们感到十分惊讶，因为他清楚地表现出希望自己不受到干预，因此，在儿童成为主人的这种环境中，成人应该仅仅是观察者。

《有吸收力的心理》　　　　　　　1958 年英文版　P.168—169

个体从 0 岁至 18 岁的生活可以分成三个时期：0 岁至 6 岁、6 岁至 12 岁以及 12 岁至 18 岁。每一个时期还可以细分为两个更小的阶段。如果分别考察这些时期，那么每一个时期儿童的典型心理特征是不同的，不同个体的心理特征也是有差别的。

《有吸收力的心理》　　　　　　　1958 年英文版　P.182

只是在以后，我们才有可能通过说理和规劝的方法对儿童的心理产生直接的影响。儿童到 6 岁时，我们才能够成为道德的传教士，因为在 6 岁和 12 岁之间道德良知开始起作用，儿童才能使那些善恶问题具体化。……遗憾的是，儿童在 6 岁以后不再自发地发展他的性格及其品质了。

人的个性发展
是从幼儿开始的

《童年的教育》   1949 年英文版，第页   P.8—9

在人的发展的连续阶段中，人的个性是一种必不可少的东西。然而，无论我们如何考虑人，无论在什么时代——儿童、少年、青年或成人——所有人都是从幼儿开始的。如果人的个性在人的发展的所有阶段都是一种必不可少的东西，那我们必须考虑一种涉及所有发展阶段的教育原理。

《有吸收力的心理》   1958 年英文版   P.208

在儿童的"精神胚胎"生活中，他的特征既不是智力的发现，也不是由人类活动所产生的，而是我们在社会凝聚力中所发现的心理特性。儿童将这些心理特性聚集起来并使之具体化，通过这种方法形成了他自己的个性。所以，他成为一个有某种特定语言、某种特定宗教和某种特定社会习俗的人。

《有吸收力的心理》   1958 年英文版   P.56—57

每个人在幼儿时期所吸收的个性特征将会永远地牢固保存，尽管后来一些个性特征因某种原因被抛弃，但仍被保存在潜意识心理中，那是因为在幼儿时期形成的东西绝不会完全被消除。

这种"记忆基质"（我们可以把它看作一种更高级的记忆）不仅产生了个体的专门特征，而且使这些专门特征在其身上一直保存并起作用。儿童所吸收的东西将永远是他个性的决定性部分；而且，同样的事情也发生在他的四肢和器官上。因此，每个成人都具有一种在其幼年时期所形成的难以消除的个性。

《童年的教育》　　　　　　　　　　1949 年英文版　P.8

　　我们必须考虑的是人的个性，而不是一种教育方法。对"方法"一词来说，我们应该用这样的一些话来替代："为了人的个性而提供的帮助可以使个性获得独立"，或者"为了解放人的个性而提供的方法不同于旧的教育偏见对个性的压制"。对儿童的保护、对儿童本性的科学认识以及争取儿童权利的社会声明，必须取代那些零碎的教育方法。

《有吸收力的心理》　　　　　　　　1958 年英文版　P.241

　　实际上，儿童一旦获得自信，那他走出每一步之后就不会再寻求得到教师的肯定。他将继续积累自己的经验以完成不为其他人所知的工作，他只是满足创造和完善其劳动成果的需要。

儿童性格缺陷
在不利条件下产生

《有吸收力的心理》　　　　　　　　　　1958 年英文版　P.172

　　由于所有这些疾病、畸变、缺陷和缺点的出现，因此，有关道德行为和性格的一般概念变得复杂而难以理解。这些个性缺陷是在不利于其正常和健康发展的条件下产生的。

《有吸收力的心理》　　　　　　　　　　1958 年英文版　P.112—113

　　我们不仅应该期望品格的正常发展，而且也应该注意个性会形成某种畸形或"偏离"，它们会在儿童以后的发展阶段变得更为严重。

《有吸收力的心理》　　　　　　　　　　1958 年英文版　P.173

　　现在，人们已知道，每一种性格缺陷都是由于儿童在他早期受到的某些错误对待而造成的。如果儿童在这一时期被忽视了，那他们的心理就是空白的，因为他们没有机会去建构其心理内容。

《有吸收力的心理》　　　　　　　　　　1958 年英文版　P.171

　　由于儿童性格的缺陷很多，我们发现更好的办法是对儿童所有的性格缺陷进行分类。可以简单地把它们分成两类：一类是强势型儿童（反抗和克服所遇到的障碍的儿童）表现出来的那些缺陷，另一类是弱势型儿童（屈服于不利条件的儿童）表现出来的那些缺陷。

《为了新世界的教育》　1946 年英文版　P.74—75

如果性格的缺陷归因于诞生之后的缺陷，那这些缺陷能够在三岁至六岁时进行矫正，因为这是学习适应和完善自己的时期。但是，归因于"诞生创伤"的心理和生理缺陷是很难矫正和治愈的。白痴、癫痫和麻痹是器质性疾病，通过我们所能提供的任何帮助都是无法治愈的。但是，非器质性缺陷如果在六岁之前进行治疗的话，那是可以矫正和治愈的。否则，这些非器质性缺陷不仅会被保留，而且将会得到发展和强化。

《有吸收力的心理》　1958 年英文版　P.170

在零岁至三岁所产生的那些缺陷可以在三岁至六岁阶段的实践中得到矫正。因为三岁至六岁阶段是本性仍然在忙于完善许多已形成的新能力的阶段。

《为了新世界的教育》　1946 年英文版　P.76

伴随这些性格缺陷而来的是某些身体疾病，因而它们会表现出一种心理起因，不应该把它们与真正的身体疾病混淆起来，例如，食欲不振或者其反面——暴食而引起的消化不良。晚上做噩梦和害怕黑暗会影响儿童的身体健康，导致他们缺乏活力。没有什么药物能够医治它们，因为它们是由心理原因引起的。

《有吸收力的心理》   1958 年英文版 P.170

　　如果由于忽视儿童或错误对待对儿童，使他在零岁至三岁阶段产生的缺陷没有得到及时的纠正，那这些缺陷不仅会保存下来，而且会更加严重。因此，在六岁时，一个儿童可能还带有他三岁之前产生的一些偏离和三岁之后产生的其他缺陷。六岁后，这些缺陷将会影响对人生具有重要意义的第二个时期，以及影响正在发展的是非意识。

《有吸收力的心理》   1958 年英文版 P.175

　　这些问题并不是道德教育的问题，而是性格形成的问题。无须成人任何说教或任何榜样，性格缺乏或性格缺陷本身都会消失。人们不需要对儿童进行恐吓或哄骗，唯一需要的就是使儿童生活在"正常化环境"之中。

儿童
是道德高尚的

《科学的幼儿教育方法》　　　　　1912 年英文版　P.369

儿童是道德高尚的，因为他们在重复练习中锻炼了自己的忍耐力，在长期服从别人的命令和愿望中形成了自己的承受力，在为别人幸福而高兴时没有妒忌或敌对心理；因为他们活着就是为了以愉快的心情在平静中积德行善；因为他们十分勤奋而使人感到惊讶。但是，他们并没有为这样的正义而骄傲，因为他们并没有意识到把它作为一种美德去获得。他们走上了通向正义的道路，仅仅因为它是实现真正自我发展和自我学习的唯一道路。

《有吸收力的心理》　　　　　1958 年英文版　P.200

儿童们具有一种帮助弱者的本能，激励和安慰弱者，这确实是一种促进社会进步的本能。实际上，当社会开始帮助弱者和穷人而不再是压抑与鄙视他们时，人类的进化就取得了最大的进步。

《为了新世界的教育》　　　　　1946 年英文版　P.78

事实已表明，道德教育只是意味着性格的发展，能够使那些道德缺陷消除，而不需要训诫说教和严厉惩罚，甚至不需要成人树立一个好的榜样。既不需要威胁，也不需要许诺，但需要适宜生活的环境条件。

《有吸收力的心理》　　　　　1958 年英文版　P.195

从儿童的经验中，儿童的另一种美德（即耐心）得到了发展，这是对冲动的一种自我克制。所以，我们称为"美德"的性格特征就是自发形成的。我们不能教三岁儿童这种美德，但其自身经验是可以起作用的。

《蒙台梭利儿童教育手册》 中国发展出版社　　2006 年版　P.149

与所有人类一样，儿童本身也有其独特的人格。儿童那种神奇而富有尊严的创造力绝对不能被人抹杀，儿童纯真而敏感的心灵，更需要我们小心翼翼地呵护和照顾。

儿童沿着
独立的道路前进

《科学的幼儿教育方法》　　　　1912 年英文版　P.95—96

如果一个人不能独立，那就谈不上自由。因此，必须引导儿童个人自由的、最初的和主动的表现，使他能通过这种活动达到独立。幼儿从断奶那一刻起，就开始了他走向独立的道路。

《有吸收力的心理》　　　　　　　　　　　**1958 年英文版**　`P.134—135`

　　我们不必一直抱着孩子，而要让他自己行走。如果他希望动手做事情，我们就必须给他一些事情做，从而使他能够进行智力活动。正是儿童自己的行动，引导他沿着独立的道路前进。

《科学的幼儿教育方法》　　　　　　　　　**1912 年英文版**　`P.97`

　　要使任何的教育活动对幼儿训练有效果，就必须帮助幼儿在独立的道路上前进。我们必须帮助幼儿学会无须别人搀扶地走路、跑步、上下楼梯、捡起掉落的东西、穿脱衣服、洗澡、口齿清楚地说话以及明确表达自己的需要等。我们对儿童的帮助，必须使他们有可能达到各自的目标，满足各自的欲望。所有这些都是培养独立的教育的一部分。

《有吸收力的心理》　　　　　　　　　　　**1958 年英文版**　`P.73`

　　儿童天性除具有逆行倾向外，其直接目的就是要获得充分的独立。儿童的发展采取了一种努力趋于更多独立的形式。这种发展犹如离弦之箭笔直、迅速和平稳地向前飞行。随着生命的开始，儿童就努力去获得独立。在发展的同时，他不断完善自己，并克服在其发展道路上所遇到的每一个障碍。一种生命力量在儿童身上起作用，并引导他尽力去达到自己的目的。

《为了新世界的教育》　　　　　1946 年英文版　P.35

　　对儿童的观察表明，儿童通常具有独立行动的渴望，想自己拿东西，想自己穿衣服和脱衣服，以及想自己进食，这并不是因为成人提示他去尝试做这些事情。相反，儿童的内在欲望是如此的强烈，我们的努力往往是试图去制止他；但是，当我们这样做的时候，我们并不是反对儿童的意志，而是在与自然进行抗争。

《有吸收力的心理》　　　　　1958 年英文版　P.79

　　儿童的第一本能是自己独立完成活动，而没有任何人的帮助。当他坚持自己活动而拒绝那些试图帮助他进行活动的人时，他第一次意识到要争取独立。为了靠自己获得成功，他自己作出了更大的努力。

《科学的幼儿教育方法》　　　　　1912 年英文版　P.101

　　一个通过个人努力而能够进行为生活舒适和生命发展所需的各种活动的人，也就是一个征服他自己并在活动中发展自己的能力和自我完善的人。我们必须把我们的后代培养成为身体强壮的人，即我们所说的独立和自由的人。

《有吸收力的心理》　　　　　1958 年英文版　P.80

　　儿童通过工作来获得独立——身体和心理的独立。他希望获得自己的知识、世界的经验以及通过自己的努力去感知世界，他对其他人的知识关心很少。我们必须清楚地认识到，当我们给予儿童自由和独立时，就是给予一个早已对活动迅速作好准备的创造者以自由，这个创造者若不工作和不活动就无法生存。这与所有其他生命形式一样，阻碍儿童工作和生活就会使他退化。……诞生和发展正常的儿童朝着独立的方向前进。逃避这种独立的人就会趋于退化。

《有吸收力的心理》　　　　　　　　　　1958 年英文版 P.134

　　儿童已达到另一种独立水平，因为独立的本质就是能够独自做一些事情。在这些不断获得的独立中所包含的哲学观念是：人通过努力而获得了独立。没有其他人的帮助就能够做事情，这就是独立。如果儿童获得了独立，他就迅速地得到发展；否则，他的发展将是缓慢的。记住这些哲学观念，我们就能懂得如何去对待儿童，我们就能在如何管理儿童上得到很好的指导。……在儿童获得独立后，继续提供帮助的成人就成为一种障碍。

《科学的幼儿教育方法》　　　　　　　　1912 年英文版 P.98—99

　　一个不劳而获者只是要求别人来满足他的需要，他的头脑会变得迟钝和缺乏活力。倘若这种人有朝一日从如此低能的事实中觉醒并希望再一次恢复独立时，他就会发现自己想这样做但已无能为力。应该向有特权的社会阶级的父母们提醒这些危险，不要让他们的孩子任意使用他们的特权。

儿童服从
是一种自然倾向

《科学的幼儿教育方法》   1912 年英文版 P.363

我们只需要考虑的是，我们如此轻率地对待的这种"服从"其实是儿童身上的一种自然倾向，后来它又作为成人身上的一种本能出现。实际上，它是一种自然天性，并成为人类最重要的本能之一。

《科学的幼儿教育方法》   1912 年英文版 P.364

十分自然的是，我们在热爱儿童的同时，应该向他指出服从是生活的法则。面对儿童"不听话"的特点，几乎每个人都会感到焦急，这是不足为奇的。但是，服从只能通过精神人格形成的复杂过程才能实现。为了服从，一个人不仅需要服从的愿望，而且需要对服从方式进行了解。……因而也鼓励儿童学会服从。

《为了新世界的教育》   1946 年英文版 P.84—85

真正的服从是意志形成发展的最后阶段，所以，意志的形成发展只是使服从成为可能。好教师学会严格地避免滥用儿童的服从。一个领导者的职责是：他应该意识到并不是因为他的地位而带来具有影响力的权威性。……这基于一个依靠内聚力而形成的团体，它是迈向有组织的社会的第一步。

《有吸收力的心理》　　　　　　　　1958 年英文版　P. 224

　　意志和服从是相辅相成的。具体来说，在发展次序上，意志是一个居先的重要基础，而服从是在这个基础上得到发展的。这里所说的"服从"一词具有一种比人们通常所给予的更为深刻的含义。它很可能指个人自身意志的一种升华。

《有吸收力的心理》　　　　　　　　1958 年英文版　P. 229

　　服从力是意志发展的最后阶段，它反过来又使服从成为可能。在我们的儿童中，服从所达到的水平是如此之高。也就是说，无论教师可能提出什么要求，他们都能立即服从。

构建一个
儿童社会群体

《有吸收力的心理》　　　　　　　　1958 年英文版　P. 213

　　正沿着这条道路发展的儿童组合为一个社会群体，比我们成人自己的群体更为完美，因此，人们觉得，儿童应该永远不受成人的干涉。儿童的群体生活是一个重要的现象，犹如胚胎的生命一样微妙，我们必须理解它，而不是破坏它。

《为了新世界的教育》"导言"　　　　1946 年英文版　P.1—2

儿童是一个精神实体，儿童是一个规模巨大的社会群体，儿童是一种真正的世界力量。如果存在着解救和帮助的希望，那这种希望就来自儿童。

因为儿童是人的建造者，也是社会的建造者。儿童具有一种内在力量，这种内在力量能够引导我们走向一个更加光辉灿烂的未来。

《有吸收力的心理》　　　　1958 年英文版　P.203—204

儿童之间这种团结的产生是自发的需求，是受一种无意识力量所指引的，是受一种社会精神所激发的。

这种现象需要一个名称，我把它称为"社会群体的凝聚力"。……这种团结意识是自然赋予的一个礼物，它既不是通过任何教育进行灌输的，也与任何形式的模仿、竞赛或个人利益完全无关。然而，这是儿童通过他们自己的努力而取得的一个结果。

《有吸收力的心理》　　　　1958 年英文版　P.205

人类社会也许可以提供一个不缺乏这种社会融合的例子。这就是受到自然的神秘力量所指引的儿童社会。

我们必须尊重和珍惜它，因为无论性格还是社会情感，都不是教师给予的。性格和社会情感是生活的产物。……这种自然的社会凝聚力只是儿童发展的最后阶段中，社会细胞神圣而又神秘的创造。

《童年的教育》　　　　　　　　　　　　**1949 年英文版**　**P. 93—94**

　　如果儿童在幼儿园里成为一个孤独者，脱离了社会生活，那最后的结果是他会感到压抑、身心发育不全并导致畸形。最终，儿童将会变得不正常和不具备适应的能力，因为他已经被剥夺了实现这一重要功能的必要手段！

《有吸收力的心理》　　　　　　　　　　**1958 年英文版**　**P. 203**

　　有吸收力的心理似乎比有意识的心理更能够把一个社会群体凝聚在一起。……有趣的是，看到这些幼儿如何渐渐地意识到与其如此紧密相关的社会的形成。他们开始感觉到，他们是群体的一部分，其活动也对这个群体作出了贡献。他们不仅开始对这个群体产生兴趣，而且尽力为这个群体工作，可以说他们是全心全意投入的。一旦儿童达到这一水平，他们就不再是盲目地行动，而是把群体放在首位，并努力实现群体的利益。

《有吸收力的心理》　　　　　　　　　　**1958 年英文版**　**P. 196**

　　社会生活的魅力就在于：一个人遇到了一些不同类型的人。没有比待在老年之家（Home-for-the-Aged）更令人感到乏味的了。依据年龄进行分离是人们能够做的最残忍的和最不人道的事情之一。对儿童来说，确实也是如此。它隔断了儿童与社会生活的联系，剥夺了社会生活为儿童提供营养。

第十六编

成人与儿童应
建立积极关系

儿童与成人之间
冲突的发生

《童年的秘密》   1939 年英文版   P.84

    当儿童成长到能够独立做事的阶段时，儿童和成人之间的冲突也就开始了。……即使一个成人非常爱儿童，但在他的内心仍然会对儿童产生一种不可抗拒的防御本能。这是一个非理性的人的潜意识的恐惧感，并与一种所有权意识结合起来，总是担心一些东西可能被弄脏或被打碎。这种复杂的、焦急的防御心态与对儿童的爱发生了冲突。

《童年的秘密》   1939 年英文版   P.240

    虽然要求儿童和成人相互友好地生活在一起，但他们却常常处于不断的冲突之中，因为他们不能相互理解，所以，破坏了他们和谐生活的基础。于是，产生了一种难解之谜。

《教育与和平》 中国发展出版社   2017 年版   P.58

    将儿童视为一块白板，没有内在的指引，成人就会强迫儿童屈服于父母的意志，去适应成人的世界。实际上，成人就是这样压抑了儿童敏感的自然倾向，将其践踏在脚下，同时也唤醒了儿童本能的反抗与防御，这种意识将导致人的健康心理退化，甚至引起精神疾病。

《童年的秘密》　　　　　　　1939 年英文版　P.82—83

很清楚，儿童的个性和成人的个性是截然不同的。这种不同并不是由最小值渐渐增加到最大值的差异。……也许，在儿童的眼中，我们成人的感觉不仅很不精确，而且忽视那些在儿童看来有趣的事情，因而就认为我们成人是麻木的或迟钝的。……如果儿童能够表达自己的观点，他肯定会告诉我们成人，他的内心不信任我们成人，就如我们成人不信任他一样，这是因为成人和儿童关注事物的方式是不同的。这就是成人和儿童之间不能相互理解的原因。

《童年的秘密》　　　　　　　1939 年英文版　P.84—85

这种复杂的、焦急的防御心态与对儿童的爱发生了冲突。成人认为儿童的存在给了他最大的欢乐，他自己也准备为儿童牺牲一切，用一切来满足儿童。现在，这两种心理状态，即成人的心理状态和儿童的心理状态是如此的不同。如果这两种心理状态不作一些必要的调整，要使儿童和成人生活在一起几乎是不可能的。

《童年的秘密》　　　　　　　1939 年英文版　P.210

成人无论沮丧还是骄傲，在儿童看来他总是一个强有力的人。儿童开始试图利用成人，其结果肯定是发生冲突。起初，这样的冲突是温和的，因为成人愿意克制自己并作出让步，以便高兴地看到他孩子得到幸福和满足。……儿童在得到了第一次胜利之后，就期待着第二次胜利。于是，成人就作出更多的让步，儿童也就渴望得到更多的东西。最后，成人满足儿童欲望的这种错觉结成了苦果。……儿童的任性就成了对成人的惩罚。实际上，成人立即就会认识到自己的错误，并会说："我宠坏了我的孩子。"

《蒙台梭利儿童教育手册》 中国发展出版社　**2006 年版**　P.28

　　在成人不加注意的时候，儿童会重新开始他的建构工作，可是成人会再一次将之破坏殆尽。儿童和成人之间的冲突就这样一直僵持到儿童完全投降为止，他从此不再发表自己的看法，不再做自己想做的事情。

《童年的秘密》"前言"　**1939 年英文版**　P.vii

　　儿童的社会问题也许可以比作一棵新的幼苗，虽然它刚刚破土而出，但它的新鲜活力却吸引着我们。然而，假如我们试图轻易地拔出这棵幼苗，那我们会发现，它的根须扎得很深且不易移动。当我们去掉泥土时，我们看到这些根须向四面八方延伸，并形成一个真正的迷宫。只有去掉根须周围的所有泥土，这棵幼苗才能够被连根拔出。这些根须就是潜意识的象征。我们有必要去掉多年来的沉积物，因为在成人确实能够与儿童和谐相处以及真正直觉地认识儿童的心灵之前，这些沉积物会在成人精神的表面逐渐形成硬壳。现在，在成人和儿童之间普遍存在着一种无意识的冲突。

《童年的秘密》   1939 年英文版 P.238

儿童与成人之间的冲突所造成的后果几乎无限地扩展到人的一生，就像一块石子扔进平静的湖面时所引起的水波一样。其结果是，在它以一种同心圆形式向四面八方扩散时产生了涟漪。对水的涟漪的观察，会使人们追溯到生理疾病和心理疾病的起因，医学和心理分析学确实对此已有所发现。

成人需要
了解和认识儿童

《童年的秘密》   1939 年英文版 P.90

所有这一切表明，成人应该尽可能了解儿童的需要，尽可能给儿童提供一个适宜的环境，以使他的需要得到满足。这也许是一个教育的新纪元的开始，人们将考虑如何给儿童的生活带来帮助。我们必须消除把儿童看作物品的观念，即当他幼小时把他当作一件东西提起来并拎东拎西；当他长大一些后他必须完全听从成人和仿效成人。对于任何要使儿童的生活更加理性的努力来说，这种观念是一个难以克服的障碍。成人必须认识到，在儿童的发展中，他们只能起次要的作用。成人必须努力去理解儿童，在儿童的生活发展中给予支持和帮助。这应该是母亲的目的，也应该是教师的目的。

《为了新世界的教育》"导言"　　1946年英文版　P.2

　　几千年来，人们对儿童富有活力的、不断发展的建构能量一直是无知的，但它实际上是一种心智财富的矿藏，就如最早在地球上生活的人们并不知道深埋在地下的巨大的财富宝藏一般。所以，直到现在，人还不认识儿童精神世界所隐藏着的那些心智宝藏，并从一开始就不断地压制儿童的建构能量并把它们碾成粉末。现今，一些人第一次察觉到一种从未开采过的心智宝藏的存在，它比黄金更加珍贵，那就是人的心灵本身。

《有吸收力的心理》　　1958年英文版　P.210

　　最大的危险在于我们的无知。我们知道，如何从牡蛎的贝壳中发现珍珠，如何从矿山中发现黄金，以及如何从地球的深处发现煤矿；但是，我们并不知道，当儿童进入我们的世界以便使人类得到更新时其本身所隐藏的精神胚胎和创造性星云。

《童年的秘密》　　1939年英文版　P.278

　　成人仍然继续只是想着去改变儿童，把他作为儿童的完美典范。看起来，这种可怕的愚昧无知仿佛是完全不可治愈的。人类的心灵是多么神秘啊！这种愚昧无知仍然是一种普遍现象，也许像人类一样古老。

《为了新世界的教育》　　　　　　　　　　　1946 年英文版　P.63

　　儿童想触摸所有的东西，但成人只让他触摸某些东西，而不让他触摸其他东西。沙子是成人唯一允许儿童触摸的实物……

《童年的秘密》　　　　　　　　　　　　　　1939 年英文版　P.184

　　这些非正常状态的儿童就不可能区别儿童特征上的善和恶，因为这在成人心里早已确定，就是：对儿童的善与恶的判断依据是他对成人生活环境的适应，而不是相反。正是由于这种错误的判断，儿童的自然特征被掩盖了。真实的儿童消失了，他在成人世界中是一个尚未知的陌生人。无论善还是恶，都会使儿童被隐藏起来。

《童年的教育》　　　　　　　　　　　　　　1949 年英文版　P.60

　　我们所面对的是"正常化"的可能性和真正的人的力量，但长期以来这一切被隐藏起来了，其原因在于成人不重视心理发展的法则。儿童仍然是未被了解的，因为成人拒绝对他们希望能够正常发展的愿望给予帮助。

《童年的秘密》　　　　　　　　　　　　　　1939 年英文版　P.105

　　成人如果不把手的活动理解为儿童的一种生命需要，不把手的活动看作儿童的工作本能的第一次展现，那就可能成为儿童工作的障碍。这并不能总是归咎于成人的一种防御心态，可能还有其他的原因。其中一个原因是，成人注意的是自己行为的外在目的，并根据自己的想法来确定所采用的行为方式，这是他的心理结构的一部分。对成人来说，有一条自然法则，那就是"最大效益法则"。这引导他运用最直接的方法，在尽可能短的时间内达到自己的目的。

《童年的教育》　　　　　1949 年英文版　P.108

人们至今还没有充分认识到，……儿童应该有"他自己的价值"。如果人性必须得到完善，那儿童就必须得到更好的理解，必须受到尊重和得到帮助。

《童年的秘密》　　　　　1939 年英文版　P.273

事实上，人们忽视和遗忘了儿童，甚至折磨和扼杀儿童。也就是说，人们并没有认识到儿童的价值以及他的力量和他的基本特征。这个事实应该被认识到，这种感觉应该以强烈的方式唤起人类的觉醒。

《有吸收力的心理》　　　　1958 年英文版　P.144

我们必须记住，在儿童生命的初期，他是完全依赖于我们的。他不能照顾自己，除非我们成人或受天性的引导或受科学的启迪而去了解他的心理发展方式，否则，我们就可能成为他发展的最大障碍。

《童年的秘密》　　　1939 年英文版　P.98

　　所有人都认识到，如果婴儿已经能看、能听，那么，在他的环境中必须有一些他能看和能听的物体，以形成他最初的心理结构。……但是，这种需要在儿童的家庭里被忽视了。儿童周围的东西都属于成人所有，并为成人所用。对儿童来说，这些东西是禁忌之物。"不许碰！"就是对幼儿发展这个极其重要的问题的唯一回答。如果儿童触碰了一些被禁止触碰的东西，他就要受到体罚或责骂。

《有吸收力的心理》　　　1958 年英文版　P.147

　　儿童不仅在这方面被遗忘了，而且在其他许多方面都被遗忘了。儿童是被遗忘的公民，在他生活的世界中什么也不是为他提供的，而其他每一个人都是应有尽有。在这个对儿童来说毫无意义的世界中，儿童无目的地漫游、不断地捣蛋闯祸、弄坏自己的玩具以及徒劳地寻找精神上的满足。但与此同时，成人却完全不知道儿童真正需要的是什么。

《童年的秘密》　　　1939 年英文版　P.229—230

　　最显著的伪装形式之一，就是成人对待儿童的态度。成人为了自己而牺牲儿童的需要，但他拒绝承认这个事实，因为这种承认将是无法忍受的。他使自己相信，他正在行使一种天赋权力，正在为儿童的未来利益而行动。当儿童保护自己时，成人的心灵并没有意识到真正发生了什么事情，而把儿童在防御上所做的一切事情都称为"不服从"或"坏习惯"。

《为了新世界的教育》
1946 年英文版　P. 46

焦虑不安构成儿童生活的一个组成部分，这在很大程度上归因于成人的不理解。事实上，存在着一种试图去发现表达方式的内在资源，但只有克服了巨大的困难（环境和儿童自己的缺陷这两方面的困难），才能这样做。

《童年的秘密》
1939 年英文版　P. 12

成人并不了解儿童，结果使成人处于与儿童的不断冲突之中。消除冲突的方法，并不是每个成人都应该获得一些新的知识或达到更高的文化水准，而是必须找到一个不同的出发点。成人必须找到他们自身存在的阻碍其真正理解儿童的那种潜意识错误。如果不作这种准备，如果没有采取与这种准备相应的态度，那么，他们就不可能进一步探究儿童。

成人必须把自己
摆在儿童的位置上

《有吸收力的心理》　　　　　　　　1958 年英文版　　P. 91

我们如何判断幼儿对什么事物感兴趣呢？我们必须把自己摆在儿童的位置上，因此，所有的旧观念都必须颠倒过来，这种具有革命性的观念必须在成人中间得到传播。

《童年的秘密》　　　　　　　　　　1939 年英文版　　P. 265

人或多或少就是用这种方式来对待儿童的。成人向儿童展示他们自己的完美和成熟，以及他们自己的历史榜样，并期望儿童模仿他们。但他们没有认识到，儿童的不同特征需要一种不同的环境和生活手段，以适应另一种生存方式。

《童年的教育》　　　　　　　　　　1949 年英文版　　P. 43

成人说到自己时，仿佛只有他自己的存在。儿童属于一个人的私有财产——他要求成人的尊重和奉献，但无论何时只要他妨碍成人就会受到惩罚。当成人梦想在未来的世界里存在一种想象的乐园时，他仅仅看到亚当和夏娃以及那个恶魔。在这个乐园里，没有儿童。

《童年的秘密》　　　　　　　　　　**1939 年英文版**　**P.13**

在与儿童的关系中，成人已变得以自我为中心，不是自大，就是利己。所以，他们以自己为参照看待影响儿童心理的一切，难以理解儿童。基于这种以自我为中心的角度，成人把儿童看作心灵里什么也没有的人，必须由成人尽力去填塞；把儿童看作孤弱无力的人，成人必须为儿童做所有的事情；把儿童看作缺乏内在指导的人，必须由成人不断地给予指导。总之，成人把自己看作儿童的创造者，并从他们自己和儿童行为的关系的角度来判断儿童的好或坏。成人使自己成为儿童善良和邪恶的试金石。

《童年的秘密》　　　　　　　　　　**1939 年英文版**　**P.274**

社会对这些年幼的工作者始终是漠不关心的，尽管大自然已经赋予他们发展人的天性的任务。但与成人已经得到的大量利益相比，儿童被认为是不属于人类社会的，并一直处于被流放和被遗忘的状态。他们是社会之外的、孤立的，既没有任何沟通手段，也没有任何社会地位的人。儿童确实是受害者，但社会并没有意识到这一点。实际上，儿童就是受害者。

成人应该对儿童
提供保护和必要帮助

《有吸收力的心理》 1958 年英文版 P.66

我们的一个责任就是不断地向儿童学习，并为他提供我们所能提供的最好服务。

《童年的秘密》 1939 年英文版 P.90

在对未成熟儿童的关爱中，满足儿童的需要，使他自己适应儿童的需要，并改变他自己的行为方式，这应该是成人的任务。

《有吸收力的心理》 1958 年英文版 P.101

儿童使一切事情成为可能。正是在儿童工作的基础上建立了文明社会。这就是我们为什么必须给儿童提供他所需要的帮助并为他服务的原因，这样儿童就不必独自前进。

《有吸收力的心理》 1958 年英文版 P.222

人的精神是一个在秘密中建构自身的建筑物。所以，它的建造者既不可能是母亲，也不可能是教师，甚至也不可能是建筑师。他们所能做的一切就是帮助正在他们面前进行的创造性工作。

《童年的秘密》　1939 年英文版　P.256

成人仍然没有意识到，儿童需要得到最无微不至的关爱。可以毫不夸张地说，直到现在人仅仅建立了一个为了成人的世界，因此，人必须认真地为建立一个为了儿童的世界而工作。……对儿童需要的反应必须是教育理念的一种革新……

《为了新世界的教育》　1946 年英文版　P.63

人为了具有重大意义的文明生活方式，已抛弃生命的自然道路。因为文明化的人类仅仅给予儿童生理上的保护，而没有给予他心理上的保护。对于儿童来说，其结果就是为他准备了一个监狱——一个有障碍的环境。

《童年的秘密》　1939 年英文版　P.25—26

事实上，尽管我们多么深爱新生儿，但从他来到我们中间的最初时刻起，我们就本能地提防着他。这不仅是一种防范的本能，而且还是一种贪婪的本能，使得我们赶紧保护好自己的所有东西，即使它们本身并没有任何价值。……从儿童诞生时起，成人的心理就被这种思想支配："当心这个小孩，别让他弄脏任何东西或惹人讨厌。看住他！提防他！"

《童年的秘密》　1939 年英文版　P.6

当儿童那不能自主活动的身体刚刚获得解放，并为能够使用那些神奇的活动工具和利用那些自主运动的器官来体现自我而欣喜时，他却遭到了一群巨人阻止他进入这个世界。

《有吸收力的心理》　　　　　　　　　　1958 年英文版　P.139

　　我们经常看到，未满两岁的小家伙在搬运一些远远超出其体力的重物，但他为什么这样做似乎没有明显的理由。……成人通常总是希望减少儿童所承受的重量，但现今心理学家们认为，这种帮助实际上干扰了儿童自己选择的活动，这是成人会采取的压制行为中最有害的一种。许多"困难"儿童的神经疾病都可以追溯到这种干扰。……要发现不对幼儿活动进行干扰的成人，那是十分困难的。

《童年的秘密》　　　　　　　　　　1939 年英文版　P.211

　　所有人都知道，没有任何东西能够纠正儿童的任性和固执。无论规劝还是惩罚，都不起作用。这就如同你对一个因发高烧而神志昏迷的人说他会治愈的，并威胁说如果他的体温还不降下来就要揍他。事实是，成人在关爱自己的孩子时，并没有为他的发展提供合理的方式，而是阻碍他接触真实的生活，因此使他的心理发展走入了歧途。

《家庭中的儿童》中国发展出版社　　　　　　2012 年版　P.49

　　成人一定要对儿童的需要保持高度的敏感，能够敏锐地观察到儿童的需要。只有这样，成人才能及时给予儿童需要的所有帮助。

成人不能用自己的意志
替代儿童的意志

〜〜〜

《童年的秘密》　　　　　　　　　　1939 年英文版　　P. 108

　　成人通过自己的行动来代替儿童的行动，不仅表现在行动方式上，而且可以微妙地把成人自己的意志强加于儿童，从而替代儿童自己的意志。当这种情况发生时，那已不是儿童在行动，而是成人在替代儿童行动。

《童年的秘密》　　　　　　　　　　1939 年英文版　　P. 255

　　如果成人因为一种致命的误解，不为儿童自己去做事情提供帮助，而是由他自己代替儿童去做事情，那么，成人将成为儿童心理发展中最隐蔽和最大的障碍。

《有吸收力的心理》　　　　　　　　1958 年英文版　　P. 220—221

　　人们看到一个儿童以一种混乱无序的方式行动，总是想当然地以为儿童的这些动作来自他的意志。……于是，合乎逻辑的结果是：用我们的意志来替代儿童的意志，以及强迫儿童服从我们。但是，事实远非如此。

《童年的秘密》   1939 年英文版   P.278

事实上，从古至今，在每一种教育理想中，在我们时代的所有教育学中，"教育"（education）一词始终与"惩罚"（punishment）一词具有相同的含义。教育的目的总是把儿童隶属于成人，成人使他自己代替了大自然，使他自己的意图和目的代替了生命的法则。

《童年的秘密》   1939 年英文版   P.111—112

如果成人……采用他惯常的急速和强有力的节奏，那他就不是激励和教导儿童，而可能是把他自己的人格强加在儿童身上，并通过暗示使他自己替代了儿童。

《科学的幼儿教育方法》   1912 年英文版   P.359

我们看到儿童在完成一些在我们看来毫不费力、片刻即可完成的小事情中"十分疲劳"或"浪费时间"，我们就会替代他做完。我们总是错误地认为，把事情做完了，也就达到了目的。因此，我们亲自给儿童穿脱衣服、洗手洗脸，把儿童喜爱摆弄的东西从他手中夺过来，把汤倒入儿童的碗里亲自喂他，并替儿童在桌上摆好餐具。在这样的服侍之后，我们表现出一种专横跋扈者常常有的不公正态度（即使是出于善意的），认为儿童既无能又笨拙。

《童年的秘密》　　1939 年英文版　P.107—108

　　成人会潜意识地阻止儿童进行那些缓慢的、看似笨拙的活动，就像他不得不驱赶使他烦扰的苍蝇一样。……当儿童的动作缓慢时，成人就感到不得不进行干预，以自己的行动来代替儿童的行动。因此，在这样做的时候，成人并不是在儿童的最基本的心理需要上帮助他，而是在儿童想由他自己做的所有活动上代替他。成人阻止儿童的自由行动，因而他自己成为儿童生命发展的最大阻碍。

《科学的幼儿教育方法》　　1912 年英文版　P.366

　　我们常常听说，儿童的意志是"薄弱的"，对儿童意志的最好训练是学会用成人意志来替代自己的意志。且不必说这个问题中构成任何专横行为基础的不公正，这种想法本身也是缺乏逻辑的，因为儿童不可能放弃自己不曾拥有的东西。我们以这种方法来阻止儿童形成他自己的意志力，正是犯下了最大的和最应该谴责的错误。

《童年的秘密》　　1939 年英文版　P.264—265

　　如果成人看待儿童的生活，那他会以对待自己生活的同样逻辑来看待儿童的生活。他把儿童看作一个不同的人、一个无用的人，并远远地避开他。或者，通过所谓的"教育"，成人试图尽早地直接把儿童引入他自己的生活方式之中。如果可能的话，他会像蝴蝶那样弄破幼虫的茧，命令它飞翔；或者会像青蛙那样，把蝌蚪拉出水域，尽力要它在陆地上呼吸，并把它难看的黑皮肤变成绿色。

《童年的秘密》　　　　　　　　　　**1939 年英文版**　P.204

　　成人拒绝接受儿童的心灵，通过他的无益帮助、他的暗示力量以及使他的活动替代儿童的活动，吹灭了儿童的心灵之灯。然而，成人自己并没有意识到这一点。

《童年的秘密》　　　　　　　　　　**1939 年英文版**　P.204

　　这些儿童很容易放弃他们自己的活动，而服从成人的每一个禁令。成人将发现，他轻易地就能以自己的意志代替儿童的意志，儿童在每一件事情上都会顺从地让步。但是，这里存在着一种巨大的危险，它将导致儿童陷入一种冷漠的状态，这种冷漠被称为"懒散"或"懒惰"。成人对儿童的这种状态是高兴的，因为这样的儿童绝不会成为他自己活动的障碍。但是，这实际上只会使儿童的心理畸变更为严重。

《家庭中的儿童》 中国发展出版社　　　**2012 年版**　P.4—5

　　成人认为每一件事情自己都能够做得比儿童好，想当然地把成人的那一套行为模式强加在儿童身上，强迫儿童放弃他们自己的愿望和行动，顺从成人的意志，服从成人的控制。成人用自以为是的方法解释儿童的行为，以自以为正确的方式对儿童，不仅造成某些教育细节上的偏差和学校教育形式的不完善，更由此引发了一系列完全错误的行动。

成人应该克服
自己的傲慢和偏见

《家庭中的儿童》 中国发展出版社　　　　　　**2012 年版** `P.145`

　　要想彻底地解决教育问题，采取措施的第一步绝不该针对儿童，而应针对成人。首先，成人必须理清自己的观念，摈弃一切偏见，改变其道德上秉持的不正确态度。接下来的步骤就是为儿童准备一个适合其生活的环境，一个无阻碍的学习空间。环境的设计要符合儿童的需求。

《童年的教育》　　　　　　　　　　　　**1949 年英文版** `P.63—64`

　　傲慢天生就是成人的这种渴望和责任感的一个伴随物。在这种眼光中，儿童应该把无限的尊敬和感激归于他的创造者和他的救星。如果儿童进行反抗的话，那么，他肯定会受到惩罚，肯定会在暴力的帮助下趋于服从（如果需要的话）。于是，为了达到完美，儿童必须唯命是从和绝对服从。

《童年的秘密》　　　　　　　　　　　　**1939 年英文版** `P.80—81`

　　顽皮反映的应该是一个必须解决的问题，一个必须解开的谜。要找到问题的答案，这在一定程度上是困难的，却是极为有趣的。成人要想找到这些谜底，就必须对儿童采取一种新的态度，改变他自己原先的傲慢态度。他必须把自己视为一个学习者，而不是一个盲目的支配者或专制的评判者。在与儿童的关系上，成人以支配者或评判者身份自居的情况实在是太多了。

《蒙台梭利儿童教育手册》 中国发展出版社   **2006 年版** P.33

我们所持的基本教育观念是，我们绝对不能变成儿童发展的障碍。明白必须做的事，……最困难的是，要了解有哪些先入为主的观点和无益的偏见必须去除，只有这样才能教育好儿童。

《童年的秘密》   **1939 年英文版** P.13

成人自认为是一贯正确的，儿童必须根据成人来塑造他自己。儿童在任何方面偏离了成人的行为方式都被当作一种罪恶，成人必然会迅速地进行纠正。成人采取这样的做法，即使可以确信他对儿童充满着激情和关爱，以及具有为儿童牺牲的精神，他也会潜意识地压抑儿童个性的发展。

《童年的教育》   **1949 年英文版** P.66

在试图给予儿童自由和让儿童展现他的力量方面，最大的困难并不在于发现一种实现这些目的的教育形式，而在于克服成人在他自己心里所形成的那些偏见。这就是我为什么说我们必须仅仅认识和调查"有关儿童的偏见"并与之作斗争，而不涉及成人可能形成的与他自己生活有关的偏见。

《有吸收力的心理》　　　　　　1958 年英文版　P.222

　　最为普遍的偏见就是：一切都可以通过谈话（就是通过感染儿童的耳朵）或把自己树立为模仿的榜样（就是通过感染儿童的眼睛）来获得。……儿童通常被看作一个被动的容器，而不是一个主动的人，这在儿童生活的每一个方面都会发生。

《童年的教育》　　　　　　　　1949 年英文版　P.60—61

　　巨大的障碍来自一些根深蒂固的偏见。……那就是为什么我们会说儿童生活的表现没有被"有眼睛能够看的"人看到。也许应该说，那些人早就因为偏见而对它视而不见。这些偏见是如此的普遍，因而要使儿童生活的表现被认识到是困难的。事实证明，这些偏见是混淆不清的、力量强大的，因为所有人或几乎所有人一般都把儿童看成未知的，一个未知的实体。

《童年的教育》　　　　　　　　1949 年英文版　P.22

　　我可以肯定地说，儿童得以展现自己并不会如此困难；真正的困难在于成人对儿童的传统偏见。这种传统偏见在于缺乏对儿童的理解并作为一种专横的教育形式的借口，它仅仅是建立在成人的推理基础上的，更多的是建立在成人无意识的自我中心和作为傲慢的支配者的基础上的，并被编织成美丽的谎言，因此，儿童那聪明天性的价值被隐藏起来了。

《童年的秘密》　　　　　　　　　　1939 年英文版　P.244—245

　　成人需要拼命去压抑儿童。成人必须教导儿童不要干扰或烦恼他们，直到他被驯服为止。……他首先必须像一个没有公民权的犯人一样服从成人，对于成人社会来说儿童甚至就是一件没有价值的东西。成人是儿童的主人；儿童必须无条件地服从成人的命令，这种服从命令被看作先天的。年幼儿童一无所有地来到了他的家庭。……成人是儿童的创造者、恩赐者、监护者和执法者。从来没有一个人像儿童依赖成人一样，完全地、绝对地依靠另一个人。

《童年的教育》　　　　　　　　　　1949 年英文版　P.42

　　对那些带有偏见的人来说，要他们承认这些事实证据，那简直是不可能的。在我看来，这些事实肯定是一些人的成就，而另一些人既没有产生它们，也没有编造它们。那就是为什么我们会说到人心里的一种盲点，尽管他的理解能力是很强的。这种盲点类似于眼睛的视网膜。

《有吸收力的心理》　　　　　　　　1958 年英文版　P.115

　　我们常常阻碍儿童的发展，所以，我们应该对伴随他一生的心理畸变负责。我们对待儿童的方式应该尽可能地和蔼温柔而避免生硬粗暴，因为我们很难认识到自己是多么的凶暴和冷酷。

《家庭中的儿童》 中国发展出版社　　　　　　　2012 年版　 P.152

　　作为成人，我们发现自己正迷失在一个没有出口的迷宫之中，陷身于毫无希望的挫败里。如果成人不能勇敢地正视自己所犯的错误并及时改正，就会发现自己受困于问题遍布的丛林中，不知道如何是好；儿童长大后也会重蹈成人覆辙，成为同一个错误的受害者，错误若不改正，就会永远这样代代相传下去。

儿童
是成人之父

《有吸收力的心理》　　　　　　　　　 1958 年英文版　 P.26

　　无论我们追溯人的生命起源，还是追随儿童成长发展的工作过程，我们总会发现儿童与成人是相关联的。儿童的生活是连接两代成人的分界线。儿童所创造的和正在创造的生活开始于一个成人而结束于另一个成人。这就是儿童走过的道路，但这条道路紧紧地围绕着成人的生活。

《童年的秘密》　　　　　　　　　　　 1939 年英文版　 P.38

　　一种创造总是处在一个实现的过程之中，一种能力总是充满活力地得到增强，使心理实体化的工作永无止境。因此，就像胚胎的发育一样，人的个性是通过自身的努力而形成的。儿童成为成人的创造者，成为成人之父。

《有吸收力的心理》　　　　　　　　**1958 年英文版**　P.247

　　从儿童的这些品质中，教师认识到人应该是一个不知疲倦的工作者，因为驱使他不断工作的是恒久的活力和热情。……掌握了这些特征，教师将会认识到，儿童是真正的成人之父。

《童年的秘密》　　　　　　　　**1939 年英文版**　P.246

　　我们可以不断地重复说："儿童是成人之父。"现实清楚地表明了这一点。成人的所有权力都来自这位"成人之父"达到完全实现其秘密使命的可能性。然而，为了使自己处于一个真正的工作者的地位，儿童不满足仅仅通过冥想和休息来创造人的模式。相反，他通过活动进行工作，通过不断的活动进行创造。

《有吸收力的心理》　　　　　　　　**1958 年英文版**　P.12

　　儿童并不是一个应该把他所能做的任何事情都归因于我们成人的无生命力的人，好像他是一个需要我们成人去填塞的空容器。不，正是儿童创造了成人；而且，没有人能够不经过儿童就成为成人。

《童年的秘密》"前言"　　　　　　　　**1939 年英文版**　P.vi

　　儿童的社会问题深深地渗透到我们的生命之中，唤醒我们的意识，激发我们的心灵。客观地讲，儿童并不是一个成人只能从外表观察的陌生人。儿童构成了人的一生中最重要的一部分，因为他是成人生活的开始。他转而变成了成人。

《有吸收力的心理》　1958 年英文版　P.2

如果教育总是被设想为采用单纯传授知识的陈旧方法来进行，那么，要想改善人类未来的希望是很小的。因为如果人的个性的整个发展落在后面，那传授知识还有什么用呢？所以，我们必须考虑到心理生活的存在、社会的个性、新世界的力量，以及至今仍被掩盖和忽视的个体与整体的关系。如果要想帮助和拯救世界的话，那我们只能依靠儿童，因为儿童是人类的创造者。

《童年的秘密》　1939 年英文版　P.123

没有儿童的帮助，成人将会变得颓废。如果成人不一点一点地自我更新的话，一层硬壳就开始在他们周围形成，最终会使他们变得麻木不仁和冷漠无情。

《教育与和平》 中国发展出版社　2017 年版　P.142

儿童不应当继续被视为人类的子女，相反，他们是人类的缔造者，是人类之父，他们给我们带来光明，也指引着通向更美好生活的道路。儿童是人类之父。他们将创造更高尚的人类。

《有吸收力的心理》 1958 年英文版　P.6

　　我们发现自己所面对的不再是一个不能自立的生命，不再是一个等着用我们的智慧去填塞的容器；而是一个越来越有尊严并被看作自己心灵建构者的人，一个在他的内在教师的指引下按照精确的时间表在愉悦和欢乐之中坚持不懈地工作的人，以创造宇宙中最伟大的奇迹——人类。

第十七编

教师职责是
理解和教育儿童

教师应尊重和
激发儿童生命

《科学的幼儿教育方法》　　　　　　1912 年英文版　P.115

　　激发生命——让生命自由地发展和展开——这是教育者的首要任务。在完成这样一个棘手任务时，一种伟大的艺术肯定是提出干预的时机和限度。其目的与其说是使我们不造成儿童的紊乱和引起儿童的偏离，还不如说是使我们依靠儿童的内在力量，帮助趋于充分发展的心灵。这种艺术必须伴随着科学方法。当教师用这种科学方法触及每一个儿童的心灵时，她仿佛一个无形的神灵唤醒和激励儿童的内在生命。

《科学的幼儿教育方法》　　　　　　1912 年英文版　P.104

　　教育者必须为真诚地崇拜生命所激励，并通过这种崇敬，在带着极大兴趣进行观察时尊重儿童生命的发展。现在，儿童的生命不是一个抽象概念，而是每一个儿童个体的生命。世上只存在着一种真正的生物表现形式：有生命的个体，教育必须针对被逐个观察的单一的个体。教育必须被理解为：为儿童生命的正常发展所提供的积极帮助。

《为了新世界的教育》"导言"　　　　　　1946 年英文版　P.3

　　人类的教师只能是对儿童已经做的重要工作提供帮助，就如仆人帮助主人一样。如果教师这样做的话，那他们将证明自己有助于人类心灵的展现和一种新人的出现。这种新人将不是一些事件的牺牲品，而将具有指引和决定人类社会未来所需要的远见卓识。

《为了新世界的教育》　　　　　　　　　　1946 年英文版　P.47

　　对于人类来说，重要的是应该对儿童生命中的这一时期进行周密的研究。教师应该走在这条发现的道路上，努力探索儿童的心理，就如心理学家探索成人的潜意识一样。对于儿童及其语言来说，需要一位解释者。……对于儿童来说，解释者是他的一种伟大的希望，正在为他打开已被关闭的通往世界的大门。

《有吸收力的心理》　　　　　　　　　　　1958 年英文版　P.234

　　教师必须记住隐藏在这些十分单纯而又丰富的幼小心灵中的能力。她必须帮助这些正在惊惶地从一处悬崖跌落的小家伙，使他们转身重新向上爬。她必须通过自己的声音和思想向他们发出呼唤，使他们振作起来。一种坚定而强有力的呼唤才是对这些幼小心灵的真正的仁慈行为。

《科学的幼儿教育方法》　　　　　　　1912 年英文版　P.37

　　我们必须知道如何去唤醒那个正沉睡在儿童心灵中的人，我直观地感受到并相信，不是教具，而是我呼唤他们的声音唤醒了儿童，激励他们去使用教具并通过教具来教育他们自己。在我的工作中，我受到了那种崇高期望的指导，同情这些不幸的儿童，并通过爱使他们知道如何去唤醒他们周围的那些人。

《有吸收力的心理》　　　　　　　　1958 年英文版　P.89

　　最重要的一件事情就是：关爱每一个儿童，不断地唤醒每一个儿童，并引导每一个儿童。

《有吸收力的心理》　　　　　　　1958 年英文版　P.247—248

　　教师还必须在自己的日常生活中了解和体验童年的秘密。通过对童年秘密的了解和体验，她不仅对儿童有了更深的了解，而且还获得了一种新的爱。这种爱既是对个人的爱，也是对这种隐藏的秘密的爱。当儿童向教师展现出他们的真正天性时，她也许第一次理解爱的真正含义。儿童天性的表现也改变着教师。它触及人们的心灵，并促使人们慢慢地改变自己的观念。

教师应给儿童
指明趋于完美的道路

《有吸收力的心理》   1958年英文版   P.231

　　教师应承担的任务就是给儿童指明趋于完美的道路，给他们提供教具和消除障碍，并从教师自己可能提供的那些工作开始（因为教师会成为最大的障碍）。如果已经形成纪律，那我们的工作几乎就没有必要了。儿童的本能足以引导自己克服每一个困难。

《科学的幼儿教育方法》   1912年英文版   P.375

　　一位睿智的教师不仅关注儿童们的身体发展，而且还关注儿童们的智力发展和道德进步。在这样的教师的指导下，儿童们能够运用我们的方法来实现很好的身体发展，此外还能够展现人类所特有的心灵完美。

《为了新世界的教育》"导言"   1946年英文版   P.2

　　对生命最初两年的观察，揭示了心理建构的新规律，也指出了儿童的心理完全不同于成人的心理。所以，新的道路在这里就开始了。在这种新的道路上，将不是教师教导儿童，而是儿童教导教师。

《童年的秘密》　1939 年英文版 P.137—138

这并不意味着，我们必须赞成儿童做的每一件事情，或者我们必须避免去评判儿童，或者我们可以忽视儿童的智力和情感的发展。完全相反，教师必须牢记的使命就是教育儿童，并成为一位儿童的真正教师。……我们必须使自己的内心发生一次根本的变化，防止我们从成人的角度去理解儿童。

《有吸收力的心理》　1958 年英文版 P.116

我们多么希望有一位解释者经常把儿童要表达的意思告诉我们！我自己在这一方面进行了长期的努力，试图使我自己成为儿童的解释者。我惊讶地注意到，如果你尝试成为儿童的解释者，那儿童就会跑来找你，仿佛他知道有人能够为他提供帮助。儿童把希望放在他的解释者身上。因为这位解释者将为他开启被这个世界关闭的发现花园之门。

《科学的幼儿教育方法》　1912 年英文版 P.115

当我们无意中看着湖岸时，一位画家突然对我们说："在那峭壁的倒影下，湖岸的曲线是多么的美丽。"经他这么一说，我们几乎是无意识地看到了这个景色，并铭记在我们的心里，仿佛它突然被一缕阳光照亮，于是我们体验到因印象具体化而带来的欢乐，我们以前只是隐隐约约地感觉到。这就是我们对于儿童的责任：在继续前进的道路上，给予儿童一缕阳光。

《科学的幼儿教育方法》   1912 年英文版   P.86—87

当一位教师必须带领儿童沿着这样一条纪律之路——如果她能够使儿童一辈子这样走下去——不断地通向完全自主的时候，一种专门的方法是不可或缺的。……在这里，儿童使他自己养成纪律，就其特点而言，并不仅仅限于学校环境，而且已经延伸到社会环境。

教师指导
儿童的教学艺术

《科学的幼儿教育方法》   1912 年英文版   P.173

的确，按照我的教育方法，教师教得少，观察得多。而且，教师的作用首先是引导儿童的生理发展和心理活动。为此，我把教师的名称改为"指导者"。她的指导要比一般理解的意义深远得多、重要得多，因为她指导的是生命和心灵。

《为了新世界的教育》   1946 年英文版   P.88—89

蒙台梭利式的教师并不是儿童身体的仆人，帮他洗脸、穿脱衣服和进食——她们应该知道，儿童需要自己做这些事情，以发展其独立性。我们必须帮助儿童自己行动，形成自己的意志，进行自己的思考。这就是那些渴望对儿童提供精神服务的人的技巧。教师的快乐就是迎接儿童的精神展现，这是儿童对教师信任的回报。

《有吸收力的心理》 1958 年英文版 P.242—246

教师将要做三个方面的工作。第一阶段：教师成为环境的保护者和管理者。……第二阶段：在考虑了环境之后，我们必须与教师讨论应该如何对待儿童的问题。……第三阶段：……在儿童准备从感觉的和文化的教具中获得益处之前，给他们提供这些教具是无用的和有害的。

《科学的幼儿教育方法》 1912 年英文版 P.175—176

"儿童之家"的指导者在投身她的工作时，必须明确两个要素——一是对儿童进行指导，二是儿童个人的练习。只有当她把这一思想清晰地记在心里，才能运用一种方法去指导儿童的自发训练，并给儿童必要的启发。掌握这种干预的时机和方式，正是教育者个人艺术之所在。

《有吸收力的心理》 1958 年英文版 P.237

对教师来说，必要的是能够理解儿童的状况。这些幼小心灵正处于一个瞬息变化的时期。发展的大门还没有真正向他们打开。他们正在敲门，并等在门外。实际上，儿童的任何发展都是可以看到的。……这是发展的一个关键时刻，教师必须起两种不同的作用：一是必须对所有儿童进行监督，二是对个别儿童进行指导。……正确地进行普遍监督和个别指导是教师能够帮助儿童发展的两种方式。

《科学的幼儿教育方法》   1912 年英文版　P.87

通过科学的准备，教师不仅具备观察自然现象的能力，而且具有观察自然现象的愿望。在我们的教育体系中，她必须成为被动的观察者，而不是成为主动的和施加影响的观察者。她的被动应该包括急切的科学好奇心以及对被观察现象的绝对尊重。教师必须理解和感觉到她的观察者身份。

《为了新世界的教育》   1946 年英文版　P.86

人们常常会对蒙台梭利方法作出一种肤浅的判断，断言这种教育方法对教师的要求很少，教师应该避免对儿童的干预，而让他们去进行自己的活动。但是，在考察教具、教具的数量以及教具呈现的顺序和细节时，教师的任务就变得既是积极的又是复杂的。其实，并不是说，蒙台梭利式教师是消极的，而普通教师是积极的。甚至可以说，我们所描述的所有活动都归因于教师的积极准备和指导，她后来的"消极性"正是其成功的标志，表明她成功地完成了任务。

《科学的幼儿教育方法》   1912 年英文版　P.231

教育者的艺术就在于知道如何调节帮助儿童个性发展的行动。……儿童很快就会表现出明显的个性差别，这些差别要求教师提供不同的帮助。有些儿童几乎不需要教师的干预，而有些儿童则要求教师及时指导。所以，必要的是，教学应该严格遵循尽最大可能地限制教育者主动干预的原则。

《科学的幼儿教育方法》　1912 年英文版　P.94

儿童带着对秩序思想的理解，经历了从起初混乱的活动向自发有序的活动的过渡。对这一方面的观察就是教师的一本书——这肯定是一本激励教师行动的书。如果教师想成为一个真正的教育者，这是她必须仔细阅读和深入研究的唯一的一本书。

《科学的幼儿教育方法》　1912 年英文版　P.108—109

个别授课的特点是：简洁、明白、客观。……在进行这样的授课时，基本的指导必须是观察方法，其中包括理解儿童的自由。因此，教师将观察儿童是否对实物有兴趣、如何对实物感兴趣、对实物感兴趣的时间有多长等，甚至注意他的脸部表情。教师必须特别注意不要违反自由的原则。

《有吸收力的心理》　1958 年英文版　P.247

我们必须帮助儿童自己去行动、自己去思考和自己去决定。这就是为儿童精神服务的艺术，一种只有在儿童工作时才能通过实践而达到完美的艺术。

《科学的幼儿教育方法》　　　　　1912 年英文版　P.346—347

　　教师悄悄地四处走动，走到任何招呼她的儿童那里。她用这样一种方式对儿童的工作进行巡视：一个儿童需要她时，她会站在你的身边；不需要她时，你不会感觉到她的存在。有时候，几个小时过去了，也听不到她说一句话。

《蒙台梭利儿童教育手册》 中国发展出版社　　2006 年版　P.105

　　儿童们的这些成就的取得与教师的巧妙参与是密不可分的，在儿童们的发展过程中是教师在引导他们。教师有必要引导儿童，但不要让儿童感觉到教师是无所不在的。因此，教师应当随时准备提供儿童们所需的帮助，但永远不要成为儿童与实践之间的障碍。

《科学的幼儿教育方法》　　　　　1912 年英文版　P.371

　　儿童们用不同的方式从事自己的每一个工作，指导者观看着他们，同时可以进行心理观察。如果采用一种按照科学标准的有序方式进行资料收集，那他将会为儿童心理学的重建和实验心理学的发展做很多事情。我相信，我已用我自己的方法创立了科学的教育学发展的必要条件。谁运用这种方法并这样做的话，他就开设了一个实验教育学的实验室。

《有吸收力的心理》　　　　　　　1958 年英文版　P.245

　　使教师取得成功的那个重要原则正是：一旦儿童开始专注

于工作，教师就表现得仿佛儿童不存在似的。因此，教师可以用迅速的一瞥看儿童正在做什么，但绝不能让儿童意识到。

《有吸收力的心理》　1958 年英文版　P.243—244

在这个最初的时期，由于儿童的注意力还无法集中，因此，教师就必须像火焰一样用自己的温暖去激励所有儿童，使他们充满生气和受到振奋。没有必要去担心教师会妨碍一些重要的心理过程，因为这些心理过程还没有开始。在儿童能够集中注意力之前，教师可以或多或少地做她认为是最好的事情，她可以对儿童的活动进行她认为是必要的干涉。

《蒙台梭利儿童教育手册》　中国发展出版社　2006 年版　P.180

教师不是通过内容，而是通过方法来为自己作准备的。总之，教师应当在"品质"方面，而不是在"文化"方面与众不同。其中基本的品质就是"观察"能力。这种能力是如此重要，以至实证科学也叫作"观察的科学"，该术语在那些与观察相结合的实验中变成"实验科学"。

《有吸收力的心理》　1958 年英文版　P.244

我们确实说过，而且还常常重复说，当一个儿童专心致志于他的工作时，人们必须克制自己而不要去干扰他，以免打断他的重复活动或阻碍他的自由发展。不过，当一个儿童干扰其他儿童工作时，正确的方法就是马上阻止其干扰活动。这种阻止可以采取任何方式，或大声呼喊，或对惹麻烦的儿童表示出一种特别的和富于感情的兴趣。

《有吸收力的心理》　　　　　　　1958 年英文版　P.245

当儿童开始对其中一种教具表现出兴趣时，教师一定不要干扰他，因为这种兴趣是符合自然法则的，而且开始了一种新的活动周期。但是，第一步是那样的脆弱和娇嫩，就像肥皂泡一样，一碰就会消失，此刻的一切美好也就随之化为乌有。

《有吸收力的心理》　　　　　　　1958 年英文版　P.238—239

教师必须学会控制自己，以便使儿童的精神得到自由发展和表现其力量。她的主要职责就是在儿童的努力中不要打扰他。这正是教师在自己训练中所获得的道德敏感性开始起作用的时候。她必须知道，对儿童提供帮助并不是容易的，或许并不是站着不动和观看。即使在帮助和服务儿童时，她也必须不停地观察他，因为在一个儿童身上形成专注力就像花蕾突然开放一样的微妙现象。……教师观察儿童的目的就是了解已获得专注力的儿童，并赞赏其精神得到令人喜悦的更新。

教师服务
儿童的态度和仪表

《童年的秘密》　1939 年英文版　P.140—141

任何新东西必须通过它自己的能量展现出来；它必须通过我们所说的机会得到激发而展现出来，并对人们的心理产生冲击。没有一个人会比目睹新生事物的人更持怀疑的态度，他常常就像世上所有人一样拒绝这个新生事物。这个迄今仍未被认识的新生事物在它被人们看见、承认和热情地接受之前，它肯定会不断地展现自己。实际上，那些被新生事物震惊并最终接受它的人不仅会深深地迷恋它，而且会为它奉献出自己的生命。

《有吸收力的心理》　1958 年英文版　P.240

教师的使命始终是以永恒的和正确的东西为目标的。她开始时感到没有必要，因为儿童的进步和她发挥的作用或她已经做的工作不成比例。她看到儿童在选择自己的工作、丰富自己的表达能力上更加独立了。儿童的进步有时候似乎是令人惊叹的。教师感到，从谦卑的意义上说，她的价值只是服务，也就是准备环境和不让儿童发现。

《有吸收力的心理》   1958 年英文版 P.250—251

　　教师在服务于儿童的同时，也在服务于生活；在提供帮助的过程中，儿童的天性提升到一个更高阶段，即超自然阶段，因为提升是生命的一个法则。正是制造这个漂亮楼梯的儿童使他自己爬得更高。

《有吸收力的心理》   1958 年英文版 P.6

　　我们教师只能对这个正在进行的工作提供帮助，就像仆人服侍主人一样。于是，我们成为人的心灵发展的见证人。正在出现的新人将由于自己明晰的洞察力而不再成为受害者，并将能够指导和塑造人类的未来。

《为了新世界的教育》   1946 年英文版 P.68

　　教师必须估量儿童需要的是什么，就如同仆人为其主人准备好饮料，以便使主人想喝时就能喝。教师们应该学会谦卑，在对儿童的关爱中不要去强迫他们，但要十分关注他们的进步，为他们继续进行喜爱的活动准备所需要的一切。

《有吸收力的心理》   1958 年英文版 P.246

　　尽管儿童和教师之间的关系是一种精神上的关系，但是，教师能够从一个好的仆人侍候其主人的方式中为自己找到一种很好的行为模式。……当儿童的精神正在形成时，我们也必须这样。教师所服务的就是儿童的精神，当儿童的精神表现出它的需要时，教师就必须迅速作出反应。……如果儿童全神贯注地做工作，我们必须不要去打扰他；但是，如果他希望得到我们的赞同，我们就应该毫不犹豫地表示出来。

《有吸收力的心理》　　　1958 年英文版　P. 244

众所周知，一位活跃、敏锐的教师肯定比一位呆板、迟钝的教师更具吸引力。如果我们去尝试的话，那我们都能成为充满活力的教师。……对于儿童来说，教师的每一个行动都成为一种召唤、一种"引诱"。

《为了新世界的教育》　　　1946 年英文版　P. 87—88

教师必须是富有魅力的，能够使用任何手段和方法（当然惩罚除外）来引起儿童的注意。教师能够或多或少按自己的意愿做事，那时她还没有因为自己对儿童的干预而搞得心烦意乱（这种干预并不是很重要），所以，在所建议的活动中具有欢乐的表情是十分必要的。

《有吸收力的心理》　　　1958 年英文版　P. 243

对于赢得儿童的信任和尊敬来说，教师的仪表是第一步。教师应该注意自己的行为举止，要尽可能文雅和得体。这一年龄的儿童总是把他的母亲理想化。……因此，教师自己的仪表就构成了儿童生活环境的一部分，教师本身是儿童世界中最重要的一部分。

《为了新世界的教育》　　　1946 年英文版　P.89

　　蒙台梭利式的教师探究童年的秘密，具有比普通教师更多的知识，因为普通教师只是接触儿童生活的表面现象。然而，我们的教师在了解儿童的秘密时，对儿童怀有深深的爱，也许第一次理解了什么是真正的爱。这种爱与通过亲抚和亲吻所表现的个人之爱是不同程度的爱，其不同程度是由儿童造成的，因为儿童通过自己的精神展现而深深地感动了教师，把教师带到了一种她并不知道存在的程度。现在，教师达到了这个程度，并感受到幸福。

《有吸收力的心理》　　　1958 年英文版　P.247

　　如果教师满足了委托给她的这群儿童的需要，她就会看到在社会生活中绽开令人惊讶的鲜花，就会看到儿童心灵的这些表现，并使她自己心中充满欢乐。对于教师来说，能够看到这些是很大的荣幸。正如旅行者荣幸地抵达了沙漠绿洲，从看起来是干枯不毛的、炽热如火的和已无希望的沙丘里听到了水在涌动的声音。

教师应通过纠正
自己的错误得到改善

《有吸收力的心理》　　　　　　　　1958 年英文版　P. 215

自认为是完美无缺的和从不注意自己错误的教师不是一位好教师。无论我们用什么方法去看，总会看到"错误先生"的存在！如果我们追求完美，那必须注意自身的错误，因为只有通过纠正自己的错误，才能使我们自己得到改善。我们应该不时地正视自己的错误，并把这些错误看作我们整个生命中不可避免的事情。

《有吸收力的心理》　　　　　　　　1958 年英文版　P. 242

当教师开始工作时，她必须具有一种信念，即儿童将通过工作展现他自己。她必须使自己消除有关儿童可能达到的水平的一切先入之见。她必须使自己不受许多不同类型的儿童（指行为多少有点失常的儿童）的困扰。她应该把儿童都想象成心理生活正常的儿童。她必须相信，当她面前的儿童找到对自己有吸引力的工作时，就会表现出真正的天性。那么，教师必须期待什么呢？期待所有儿童将开始专心致志地工作。为此，教师必须全身心地投入，她的活动也将随着每一个阶段的不同发生变化。

《科学的幼儿教育方法》　　　　　　1912 年英文版　P.97—98

　　在我们的理念中，儿童就像木偶一样，我们给他洗澡、喂食，仿佛他就是洋娃娃。我们并未停下来想一想：不动手做的儿童就是不知道怎么做的儿童。然而，他必须做这些事情，大自然为他进行各种活动提供了身体条件，又为他掌握进行这些活动的方法提供了智力条件。在任何情况下，我们对儿童应尽的职责是帮助他完成这些有益的活动，因为大自然的意图是让他亲自去完成。

《童年的秘密》　　　　　　　　　　1939 年英文版　P.129—130

　　教师必须使自己的内心作好准备。她必须系统地研究她自己，以便发现某些具体的缺点，因为这些缺点会成为她对待儿童时的障碍。为了发现这些已成为她的意识的一部分的缺点，教师需要得到帮助和教导。……在这个意义上，教师需要得到引导，并使自己的内心作好准备。……教师应该先研究自己的缺点和身上的坏脾性。首先让教师清除自己眼睛中的沙粒，然后才能更清楚地知道如何消除儿童眼睛中的尘埃。

《为了新世界的教育》　　　　　　　1946 年英文版　P.67

　　在我们新的教育方法中，最大的成就是引导教师从这些或那些偏见中解放出来，最大的成功是教师很好地摆脱偏见而获得了自由。

《有吸收力的心理》　　　　　　　　　1958 年英文版　P.216

　　如果在严密的科学中对错误的判断是那么的重要，那在我们的工作中就更为重要。因为对我们来说，错误是特别重要的，要纠正错误或消除错误，我们首先就要了解错误。

《童年的秘密》　　　　　　　　　1939 年英文版　P.134

　　教师以及所有与儿童教育有关系的人，必须使自己从这种错误的境地中解放出来，因为这种错误使他们不能正确地对待儿童。对普遍存在的缺点必须进行清楚的界定。我们这里所说的不是一种道德罪恶，而是两种道德罪恶——傲慢和发怒组成的一个混合物。

《童年的秘密》　　　　　　　　　1939 年英文版　P.131

　　真正的教师不仅是不断努力使自己变得更好的人，而且还是能消除使自己不能理解儿童内心障碍的人。我们应该对一些教师指出什么是他们需要克服的一些内在脾性，正如一位医生会向病人指出某种具体的疾病是身体器官正在变得衰弱或出现凶兆一样。因此，这是一些确实必要的帮助。

教师的精神准备
多于技能准备

《科学的幼儿教育方法》   1912 年英文版   P.9

　　科学家的"精神"的确是存在的，远远高于他的纯粹的"机械技能"，科学家在他的成就高峰上，精神高于技术。当科学家达到这一目标时，他从科学那里获得的将不仅仅是对大自然的新发现，而且是对真正的思想的哲学综合。我的理念是：应该使我们的教师得到准备的东西更多的是精神，而不仅仅是科学家的机械技能；也就是说，教师准备的方向趋于精神应该多于趋于技能。

《有吸收力的心理》   1958 年英文版   P.115

　　教育的真正准备就是教师研究自我。对儿童生命提供帮助的教师训练远远不只是一种知识的学习，它还应该包括人格的训练，这是一种精神上的准备。

《科学的幼儿教育方法》   1912 年英文版   P.13

　　教师带着一种尊敬和爱戴交融、神秘和好奇交融的心情，渴望达到这种伟大的精神境界；她使自己仔细观察这些小孩的心灵。……我们将使教师的精神作好准备。从儿童身上，教师将学习如何使她自己成为完美的教育者。

《童年的秘密》　　　　　　　　　　　1939 年英文版　P.177

　　精神谦卑也许是理解儿童必不可少的条件，所以，这应该是教师准备的最必要的部分。

《有吸收力的心理》　　　　　　　　　1958 年英文版　P.229

　　教师感到，她必须告诫自己不要为了出名，因为她的目的就是这样的无私奉献。她开始认识到一个管理者应该具备什么样的品质。一个好的管理者在行为方式上不必是独断的，但必须具有很强的责任感。

《为了新世界的教育》　　　　　　　　1946 年英文版　P.86—87

　　一位普通教师不能直接转变为蒙台梭利式的教师，而必须重新进行精神革新，使她自己摆脱教育学的偏见。第一步就是想象力的自我准备，因为蒙台梭利式的教师应该预见一个还不存在的儿童，具体来讲，她必须信任将通过工作而表现自己的儿童。不同类型的心理畸变儿童并没有动摇这种教师的信任，她在心智领域观察不同类型的儿童，满怀信心地期待儿童被感兴趣的工作吸引时的自我表现。教师期待儿童表现出集中注意力的征兆。

《有吸收力的心理》　　　　　　　　　1958 年英文版　P.242

　　打算成为一位"蒙台梭利式的教师"，必须采取的第一步就是使自己作好准备。一方面，她必须使自己具有丰富的想象力；另一方面，她必须清楚了解蒙台梭利式的教师和传统学校的教师之间的主要区别。那些传统学校的教师往往注意学生的直接行为，因为知道必须看管好他们和教给他们什么；而蒙台梭利式的教师不断寻找学生身上潜在的东西。

《有吸收力的心理》　　　　　　　　　　**1958 年英文版**　P.235

　　教师必须根据自己的实践经验面对呼唤的问题。只有她的智慧能够解决这个问题，……一切都取决于她自己。好医生是人，好教师也是人。他们都不是机器，不只是开药方或采用教学方法。解决呼唤问题的具体细节必须留给刚开始走上一条新道路的教师作出判断。

教师培训和实践
是不可或缺的

《科学的幼儿教育方法》　　　　　　　　**1912 年英文版**　P.88

　　为了适应这种教育方法，对在科学观察方面没有作准备的教师来说，实际的培训和实践是不可或缺的。对那些已经习惯于普通学校那种陈旧而傲慢的教育方法的教师来说，这种培训尤为必要。以我在我的一些学校里开展教师培训的经验，我确信这两种方法之间有着天壤之别。即使一位理解这条教育原则的聪明教师，也会发现将其付诸实践是十分困难的。显然，她无法理解自己的新工作是被动的，就像坐在望远镜前观看星球在宇宙中运行的天文学家的工作一样。

《童年的秘密》　　1939 年英文版　P.137

　　我们的教育方法要求教师在精神上作好准备。也就是说，教师应该检查自己，使自己摒弃专制；她应该消除内心潜意识地用硬壳包住的发怒和傲慢，这是一个自古以来就难以解决的问题；她应该使自己变得谦逊和慈爱。这些就是教师应该具有的心理倾向。这是有可能达到平衡的中心点。这就是教师训练的出发点和目的。

《科学的幼儿教育方法》　　1912 年英文版　P.107

　　应用这种方法，一次授课就等于进行一次实验。教师更充分地获得了实验心理学的方法，她将更好地理解如何去授课。实际上，如果要使这种方法被适当地应用，那就需要一种专门的技巧。为了获得关于方法的基本原理的知识和理解它们的应用，教师至少应该参加"儿童之家"的培训班。

《童年的秘密》　　1939 年英文版　P.131

　　成为一位教师，未必是变成"完美无瑕的"，也未必是没有过失和缺点的。事实上，那些在不断地追求自己内心生活完美的人，有可能会潜意识地阻碍他们去理解儿童。这就是我们为什么必须受到教育和指导，必须受到成为幼儿教师的训练。

《童年的秘密》　　　　　　　　1939 年英文版　P.149

我对教师没有任何的约束，也没有强加任何的专门责任。我仅仅教这位教师如何运用一些感官教具，这样她就可以教儿童使用教具。对她来说，这是容易的、有趣的。但是，我并没有阻止她发挥自己的创造精神。

《科学的幼儿教育方法》　　　　　1912 年英文版　P.173

实际上，当儿童进行自我训练时，当控制和纠错让位于教具时，教师剩下要做的事情只是观察。这时，她应当更多的是一位心理学家，而不是一位教师。这说明了对教师进行科学培训的重要性。

《有吸收力的心理》　　　　　　　1958 年英文版　P.230

难道女教师学到的原则是错误的吗？不是！在她的理论和根据理论推断的结果之间还缺少一样东西，那就是教师的实践经验。在这一点上，还不熟练的新教师需要得到帮助和建议。这与年轻医生或任何已掌握某种观念和原理的人的情况很相似，她会发现独自处置一些现实情况，似乎比一个数学方程中的未知数更为神秘！

第十八编

父母使命是
保护和关爱孩子

父母肩负着
伟大的使命

<span style="color:orange">~~~~~</span>

《童年的秘密》　　　　　　　　**1939 年英文版**　P 283

所有父母都肩负着一个伟大的使命。他们是唯一能够和必须拯救自己孩子的人，因为他们具有在社会中组织起来的力量，并能在共同生活的实践中采取行动。他们必须意识到大自然托付给他们的使命的意义，这个使命使他们高于社会，并使他们能够支配所有物质环境，因为他们的手中确实掌握着人类生命的未来。

《童年的秘密》　　　　　　　　**1939 年英文版**　P 272

儿童的父母不是他的创造者，而只是他的护卫者。他们必须保护和关爱儿童，在最深刻的意义上，把这看作一种神圣的使命，并远远高于对物质生活的兴趣和观念。……为了这样的使命，儿童的父母必须净化大自然已赋予他们心中的爱，他们必须理解这种爱是一种有意识的和带有深切感情的指导，不应该被自私或懒散污染。对父母来说，他们应该关心今天所面对的这个社会问题，关心世界上为承认儿童权利而进行的斗争。

《有吸收力的心理》   1958 年英文版 P. 11

　　父母必须承担他们的责任。如果家庭因为缺少方法而无法承担责任的话，那就要求社会在儿童教育上不仅提供必需的指导，而且提供必需的支持。如果教育表示对个体的保护，如果社会认识到与儿童发展有关的那些东西是必需的，但家庭又不能提供，那么，社会就有责任提供那些东西。国家必须永远不抛弃儿童。

儿童
是爱的源泉

《有吸收力的心理》   1958 年英文版 P. 253

　　儿童是每一个人的温柔和爱的情感的唯一聚合点。只要谈到儿童，人的内心就会变得十分温柔和亲切。整个人类都享受了儿童所唤起的这种深切情感。儿童是爱的源泉。每当我们接触儿童，我们就触及了爱。

《有吸收力的心理》   1958 年英文版 P. 257

　　这种爱是诞生在我们中间的每一个年幼儿童的天赋——如果儿童爱的潜能得到了发展，或者爱的全部价值得到了实现，那我们所获得的成就将是无法估量的。

《童年的秘密》　　　　　　　　　　　1939 年英文版　P.118

　　爱不是运动性冲动，而是运动性冲动的一个反映，就像行星反射了太阳的光芒。这种动力就是本能，是生命的创造力。但是，它在创造的过程中产生了被感受到的爱，所以，在儿童的意识中充满着爱。通过爱，儿童实现了自我。

《有吸收力的心理》　　　　　　　　　1958 年英文版　P.252—253

　　我们所有人都会亲近儿童，都会热爱儿童。儿童的团结力量就是来自这种爱。……所有人对待儿童的情感都是相同的。然而，很少有人认识到在这一点上儿童的重要性是多么大。

《有吸收力的心理》　　　　　　　　　1958 年英文版　P.253—254

　　与儿童生活在一起，我们之间的猜疑就会消除。因为聚集在儿童周围，我们会变得温柔和亲切，会感受到生命之源所燃烧的生命火焰的温暖。在成人中间，防御的冲动和爱的冲动同时并存。在这两种冲动中，爱是一种基本的冲动，防御是一种附加于爱的冲动。就像我们在儿童身上感受到的那样，爱肯定潜藏在人和人之间，因为人类存在着团结，没有爱就没有团结。

《有吸收力的心理》　　　　　　　　　1958 年英文版　P.259

　　通过这种爱的力量，人类还能够把自己双手和智慧创造的一切结合起来。正如经常发生的一样，没有这种爱的力量，人类创造的一切就会带来混乱和破坏。没有这种爱的力量，随着人自身力量的发展，创造的一切就不能维持，一切都将崩溃。

《有吸收力的心理》　　　　　　1958 年英文版 P.259—260

　　爱胜过把我们的黑暗照亮的灯光，胜过把我们的声音传遍太空的电波，胜过人类已经发现和利用的任何能量。在所有东西中，爱是最强大的。……每一个人身上都拥有赋予我们的这种爱的力量。尽管赋予人类的这种爱的力量是数量有限的和分散的，但它是能够由人类支配的所有力量中最伟大的力量。在一个婴儿诞生的那个时刻，我们具有的和意识到的那部分爱的力量就获得了新生。……这种爱的力量并不是自然赋予环境的，而是自然赋予我们人类的。对爱的研究和利用将我们引向爱的源泉——儿童。

父母保护和关爱
孩子是自然形成的

《有吸收力的心理》　　　　　　1958 年英文版 P.26

　　自然始终要求我们保护儿童。儿童天生就有爱，爱是他的自然源泉。在诞生时，他就受到父母的亲切关爱。……自然要求父母把爱给予他们孩子，这种爱是自然的。它是一种不需要任何理由的爱，就像为了团结人类的理性愿望而形成的兄弟般的关系。我们发现，幼儿时期的爱表明，这种爱的理想应该来自成人世界的一种爱的能力。……在这种爱的深处，所有的父母都会牺牲自己的生活而奉献给他们的孩子。

《有吸收力的心理》　　　　　　　1958 年英文版　P.258

　　当新的生命来到世上，爱的天赋就会唤起父母对他的爱。这是一种特殊的爱，使父母喂养他们的孩子，保持孩子的温暖，并保护孩子免受死亡的威胁。母亲出于对孩子的爱，日夜守护在孩子身边。这种爱的形式保证了孩子的生命安全和健康。这是爱的力量的特殊方面，具有一个限定的任务："必须关心和保护孩子，并为此作出牺牲，直到孩子不再需要帮助。"

《为了新世界的教育》　　　　　1946 年英文版　P.18—19

　　只有在儿童生命上能够发现的爱的类型，它是人类道德的理想，即这种类型的爱能够激起忘我精神以及献身于服务他人。现在，这种精神是父母自然形成的并给予了欢乐，因而并没有感到是一种牺牲。它就是生命自身！

《有吸收力的心理》　　　　　　　1958 年英文版　P.87

　　因为有一条特殊的纽带把母亲和儿童联结起来，母婴之间就像有磁性的吸引力。母亲身上会散发出无形的力量，儿童对此是习惯的。在儿童适应世界的过程中，遇到困难时，这些无形的力量为他提供了一种帮助。我们可以说，对于母亲来说，儿童仅仅改变了他自己的位置，现在他在母亲身体外面，而不是在母亲身体里面。但是，一切都依然保留了，他们之间的联结仍然存在。

《童年的教育》   1949 年英文版 P. 67—68

几乎所有的父母在他们的孩子诞生时都会感觉到如此崇高的情感，孩子由于父母慈爱的力量而被理想化了。可是，当这个孩子后来长大了，他就开始成为一个讨厌的人。父母几乎都有点懊悔，开始保护他们自己以抵制他。当孩子睡着的时候，他们是高兴的，并试图使他睡得尽可能长一点。父母把他们的孩子交给一位保姆看护，以便能做他们自己的事情，并要保姆尽可能使孩子不接近他们。

父母应在身体和
道德上关爱孩子

《童年的秘密》   1939 年英文版 P. 275

父母们被告知，他们仅仅给子女生命是不够的，还必须保全子女的生命。科学已经告诉父母应该如何去做，他们必须获得新的知识，受到恰当地关爱子女健康所必需的教育。

《科学的幼儿教育方法》　　1912 年英文版　P.61

母亲有两个义务，也就是说，既在身体上又在道德上对孩子进行关爱。……因为孩子正需要关爱，所以，那些感受到自己承担着教育孩子责任的父母将放弃陋习、打架和野蛮的行为。他们将意识到，自己曾更多地被抛入黑暗之中，忽视那些是家庭最亲密部分的小生命。换句话说，父母必须学会享受"儿童之家"的益处，即一所为他们孩子提供的学校的巨大好处。

《为了新世界的教育》　　1946 年英文版　P.22

教育必须给予母亲们这种知识，从她们孩子诞生时起就可以对孩子的心理需要提供一种有意识的保护，而不只是无可非议地把孩子置于卫生学需要的养护之中，虽然孩子得到了受过良好训练的保姆的照顾，但她们只是敷衍地满足儿童的生理需求。事实上，这就是人们所说的"心理饥饿"或"极度厌倦"，这样的儿童甚至可能会死去。

《有吸收力的心理》　　1958 年英文版　P.174—175

我们能够给母亲们提出什么建议呢？孩子需要从事一种有趣的工作：一旦孩子开始明智地进行一些工作，我们就不应该给他们提供不必要的帮助，也不应该打断他们的工作。如果儿童的心理是饥渴的，那温柔、严厉和药物都是没有什么帮助的。……人是一种有智慧的动物，对精神食粮的需求几乎超过了对物质食粮的需求。与其他动物不同，人必须建构自己的行为方式。如果儿童沿着一条能够组织其行为和建构其心理生活的道路发展，那么所有的一切都将是美好的。

《有吸收力的心理》　　　　　　　　1958 年英文版　P.13

要认识儿童的这种伟大的工作，并不意味着削弱父母的权威。一旦父母能够说服自己承认他们不是建造者，而仅仅是这个建造过程中的合作者，他们就能变得更好地实现自己的真正责任。从更广泛的观点来看，他们的帮助也就真正变成有价值的事情。如果以一种适宜的方式为他们提供帮助，儿童就能很好地得到发展。因此，父母的权威并不是来自一种坚持他们自己观点的尊严，而是来自他们能够给自己孩子提供的帮助。父母的真正权威和崇高尊严只能依赖这一点。

《童年的秘密》　　　　　　　　1939 年英文版　P.280—281

虽然在有文化教养的人中采取惩罚的做法已经迅速地减少，但并没有完全消失。父母仍然习惯性地用刺耳和威胁的声调对自己子女进行粗暴的训斥。人们已经习以为常地认为，成人应该拥有惩罚儿童的权利，父母可以打自己子女的耳光。然而，对成人的体罚现在已经被取消，因为它是一种社会耻辱，使人的尊严丧失。我们不禁要问，还有什么事情会比侮辱和伤害儿童更卑劣的呢？显然，在这个方面，人的良心已完全麻木。

《为了新世界的教育》　　　　　　　　1946 年英文版 **P.77**

　　我们对母亲们的建议是：让儿童进行一些有趣的工作，在他们已开始的活动中绝不要打断他们。糖果、惩罚和药物是根本没有什么帮助的。我们不要情绪化地对待烦人的儿童，或者把他们称为愚笨的儿童；当他们需要精神食粮时，我们却什么也不提供。

《有吸收力的心理》　　　　　　　　1958 年英文版 **P.155**

　　儿童会问："妈妈，我是从哪里来的？"他对这个问题感到疑惑不解。……把真相告诉孩子似乎并不是那么容易。父母和教师们都需要具备一种特殊的机智，知道如何去满足幼儿的想象力。

社会化家庭生活
需要得到改善

《科学的幼儿教育方法》　　　　　　　1912 年英文版 **P.63**

　　今天更多的是关注一个重要的原则，即一个理想的和几乎难以实现的原则，那就是：家庭和学校在教育目标问题上是一致的。但是，家庭总是在一些问题上与学校很不一致，几乎总是被认为在反对学校的理想。家庭是一种幽灵，学校从来就不能对它进行控制。家庭不仅是与教育进步紧密相连的，而且常常是与社会进步紧密相连的。

《科学的幼儿教育方法》   1912 年英文版　P.68—69

　　家的内涵将超过房屋。它生活着！它有一个灵魂。可以说，它如同女人的温柔手臂拥抱着她的亲人。它是道德生活和赐福的给予者。它关爱、教育和抚养着幼小孩子。在家里，劳累的劳动者将得以休息和恢复体力。他在家里将找到家庭的温馨生活和幸福。

《童年的秘密》   1939 年英文版　P.276—277

　　儿童的家庭并没有意识到这一切。父母唯一关心的是看到孩子通过考试，尽可能快地学习他们的功课，这样就可以节约时间和费用。他们并不关心学习本身或文化知识的获得，而仅仅是对社会的要求、强加的责任、承受的重担和钱财浪费的职责作出反应。所以，他们认为，重要的是子女应该用尽可能短的时间获得进入社会生活的通行证。

《有吸收力的心理》   1958 年英文版　P.9

　　现在，人们对新生儿最初几年生活的重要性已经有了新的认识，但还没有提出任何实际建议和措施。迄今为止，任何人想到的都是家庭生活能够得到改善，并由此认为现在对母亲进行训练是必需的。但是，家庭是属于社会的，并不是学校的一部分。因此，人的个性或对人的个性的关注实际上被忽视了。

《科学的幼儿教育方法》　　　　**1912 年英文版** P 68—70

　　有意识地改善人类，促使他自身的健康和美德，这应该是人类婚姻生活的目的。但到目前为止，它是一个很少有人去思考的崇高理念。未来的社会化家庭是有活力的、节俭的和友爱的。它既是教育者，又是安慰者。它是那些人的真正的和有价值的家庭，他们期望改善自身素质，并使人类成功地进入未来的生活！

图书在版编目（CIP）数据

蒙台梭利幼儿教育心语／单中惠编.—上海：华东师范大学出版社，2019
ISBN 978 - 7 - 5675 - 9143 - 1

Ⅰ.①蒙...　Ⅱ.①单...　Ⅲ.①幼儿教育　Ⅳ.① G61

中国版本图书馆 CIP 数据核字（2019）第 083749 号

大夏书系·幼儿教育

蒙台梭利幼儿教育心语

编　　者	单中惠
策划编辑	李永梅
审读编辑	万丽丽
装帧设计	奇文云海·设计顾问

出版发行	华东师范大学出版社
社　　址	上海市中山北路 3663 号　邮编　200062
网　　址	www.ecnupress.com.cn
电　　话	021 - 60821666
客服电话	021 - 62865537
邮购电话	021 - 62869887　地址　上海市中山北路 3663 号华东师范大学校内先锋路口
网　　店	http://hdsdcbs.tmall.com

印 刷 者	北京汇林印务有限公司
开　　本	890×1240　32 开
插　　页	2
印　　张	10.5
字　　数	200 千字
版　　次	2019 年 8 月第一版
印　　次	2019 年 8 月第一次
印　　数	6 100
书　　号	ISBN 978 - 7 - 5675 - 9143 - 1
定　　价	49.80 元

出 版 人	王 焰